U0109923

國學七日談

夫國學者，國家所以成立之源泉也。
吾聞處競爭之世，徒恃國學固不足以立國矣，
而吾未聞國學不興而能自立者也。

林趕秋 著

目次

第一日　諸子篇

諸子篇

《列子》關於自然現象的探索
——《列子‧天瑞》現代版

一、宇宙發生論（1）：玄牝

　　列子先生在鄭國的圃澤旁住了四十年，周圍的居民卻不知道他的底細，而偶爾來澤畔打獵的國君及其公卿大夫也把他看成普通老百姓。

　　後來鄭國大鬧饑荒，列子先生就準備到衛國去。一弟子對他說：「老師這一去渺渺無回國之期，學生斗膽向您請教，先生有什麼話留贈給我嗎？可否講講師祖壺丘子林的箴言呢？」

　　列子先生笑著道：「壺丘子哪裡說過什麼呢？但是夫子的確曾向我的同學伯昏瞀人宣講過道妙，我當時也在旁聽，如今姑且告訴你吧。他的話是這樣的：道產生萬物而自己卻不為任何物體所產生，它能讓萬物發展變化而自己卻不被任何物體控制著變化發展。不為外物所產生的能夠產生萬物，不被外物所控制而發展變化的能夠使萬物變化發展。產生萬物的不可能不產生萬物，讓萬物變化發展的不可能不讓萬物變化發展，所以萬物經常都在產生、經常都在變化發展。經常產生、經常變化發展也就是無時無刻不在產生、無時無刻不在變化發展，例如陰與陽、春夏與秋冬。不為外物產生的便凝固而獨立，不為外物變化發展的便循環

而運動。循環運動沒有終結之時，是一種永動；凝固獨立沒有洞徹之日，一直是個謎。《黃帝書》說：

> 生育神物而不死，
> 這種東西叫做玄牝。
> 玄牝是一道門，
> 是天地的根，
> 綿綿不絕啊似亡若存，
> 取之無禁又用之不盡。

　　可見產生萬物的不為外物所產生，讓萬物變化發展的不受外物控制而變化發展。萬物總是自然而然地產生、自然而然地變化發展，自然而然地顯出形態、自然而然地著上顏色，自然而然地運用智慧、自然而然地驅使力量，自然而然地消亡、自然而然地繁殖。倘若認為它們是有意識地產生、變化發展，有意識地顯出形態、著上顏色，有意識地運用智慧、驅使力量，有意識地消亡、繁殖，那就錯了！」

二、宇宙發生論（2）：有形生於無形

　　列子先生說：「從前，聖人用陰陽統攝天地。具有形態的天地產生於沒有形態的陰陽，否則天地還能從什麼地方產生出來呢？天地產生之前，有太易，有太初，有太始，有太素。所謂太易乃是尚未形成元氣的那種狀態，所謂太初乃是開始形成元氣的那種狀態，所謂太始乃是形體開始出現的那種狀態，所謂太素乃是性質開始確定的那種狀態。元氣、形體、性質都已完備並且不

分不離，稱之為渾淪，也就是說萬物渾然一統而且不分不離。想看看不到，想聽聽不見，想找找不著，所以叫易。易沒有形體與界域，但可以變而為一，一變而為七，七再變而為九。九即究，也就是極端，於是又重新變成一，一則是形體各種變化的萌始狀態。清新輕盈的元氣上浮為天，渾濁沉重的元氣下凝為地，沖淡平和的元氣中聚為人，所以天地之間飽含精氣，萬物得以化育滋生。」

三、宇宙發生論（3）：全能的道

列子先生說：「天地、聖人、萬物都不是全能的，天的職能只是覆蓋生命，地的職能只是負載形體，聖人的職能只是教化民眾，萬物也各有各的職能，不宜甚至不能越俎代庖。因此，天有所短，地有所長，聖人也有短路的時候，死物也有通靈的地方。什麼原因呢？天不能代地的班，地不能代人的班，人不能不憑藉物，物不能越出各自的位置發揮力所莫及的功效。所以天地的法則不是陰就是陽，聖人的教條不是仁就是義，萬物的性質不是柔就是剛，這些都是各安本職而沒有出位的。所以天地間有生命，有產生生命的生命物質；有形體，有產生形體的形體物質；有聲音，有產生聲音的聲音物質；有顏色，有產生顏色的顏色物質；有滋味，有產生滋味的滋味物質。生命衍生的另一種生命死了，而產生生命的生命物質還存活著；形體衍生的另一種形體確定下來了，而產生形體的形體物質仍沒有顯露；聲音又衍生出另一種聲音了，而產生聲音的聲音還沒有發出；顏色又衍生出另一種顏色了，而產生顏色的顏色物質還沒有彰顯；滋味已衍生出另一種滋味了，而產生滋味的滋味物質卻沒有呈現。這些都是無為的道的職能，只有道才是全能的呀，它——

能陰能陽，能柔能剛，

能短能長，能圓能方，

能生能死，能熱能涼，

能浮能沉，能宮能商，

能出能沒，能玄能黃，

能甘能苦，能臭能香。

它無知、無能，又無所不知、無所不能！

四、生死相對論（1）：出於機則生，入於機則死

列子先生在去衛國的途中吃飯小憩，看見一副百歲骷髏，便拔掉側邊的蓬草指著它回頭對弟子百豐說：「唯有我和它知道人不曾生、不曾死啊！死了就可悲嗎？活著就可樂嗎？」

物種有如下幾類：一類得到水變成水綿，一類依靠水份與土壤變成蝦蟆衣，一類生於丘陵變成車前草。草本的車前草如果得到糞土中腐植質的滋養，就會變成木本的銀杏樹。銀杏樹的根可變成金龜子的幼蟲，葉可變成蝴蝶。蝴蝶借助灶火的熱能很快就孵出了灶馬，它的樣子像蛻了皮似的。灶馬則要經過三年左右才能變成鳥，名叫乾餘骨。乾餘骨的唾沫化為斯彌，斯彌化為食醯頤輅。頤輅生出黃軦，黃軦生出九猷，九猷生出瞀芮，瞀芮生出腐蠸。

羊死，其肝變成地血草；馬死，其血變成磷火；人死，其血也變成磷火。鷂化為鸇，鸇化為布穀，布穀久了又化為鷂。蛙化為鶉，田鼠亦可化為鶉。燕變化為蛤蜊，腐爛的瓜變化為魚，

老韭變化為莧菜，老黑母羊變化為猿猴，魚卵變化為蟲子。宣爰山上有一種雌雄同體的獸，自孕而生，名叫類；圃澤等河澤地區有一種白色的鳥，雌雄用定睛注視對方的方式達到交配生育的功效，名叫鶷；純雌無雄的叫大腰，純雄無雌的叫稚蜂；思幽之國的成年男女不通過性交就能生子，姜嫄踩了巨人腳印而感生後稷，殷湯的宰相伊尹則出生於中空的桑樹之內；厥昭產生在濕處，蠛蠓產生在酒裏。

羊奚草與不筍、久竹混雜生出青寧蟲，青寧生豹，豹生馬，馬生人，人最終則進入機。萬物皆出於機、皆入於機。

《黃帝書》稱：「形動不生形而生影，聲動不生聲而生響，無動不生無而生有」。有形的，就是必然會終結的。天地會終結嗎？天地與我一起終結，終結於不知不覺之中，因為天地是有形的。道會終結嗎？道原本就無始無形，所以也不會有終有盡。有生命的存在將重返沒有生命之前的狀態，有形體的東西將復歸於沒有形體之前的狀態。沒有生命的東西不是原本就沒有生命的，沒有形體的東西不是原本就沒有形體的。生命按照自然法則必然要終結，要終結的生命不能不終結，正如要誕生的生命不得不誕生一樣。若想讓生命永存不死，那是對機的理數的不理解。精神是天的一部分，骨骸是地的一部分。人死之後，精神升天，骨骸入地，各歸出處，所以稱這種情況為鬼。鬼意即歸，也就是回歸到機裏去。所以黃帝說：「精神入其門，骨骸反其根，我尚何存？」

人從出世到入機，比較顯著的變化階段有四個：嬰孩、少壯、老耄、死亡。嬰孩階段，神氣專注，情志單一，身心最為和諧，外物不能傷害他，德行臻於理想境界；少壯階段，血氣飄浮滿溢，慾念叢生，外物便加以侵害，德行因之減退；老耄階段，

慾念減弱，體力漸衰，外物不可能引誘他了，雖不及嬰孩的完善，比少壯階段卻平穩多了；死亡階段，人體的機能就運行到了終點，返回到機裏去了。

五、生死相對論（２）：快樂的三個原因

孔子準備去遊泰山，看見榮啟期在郕地的郊外行走，身上用繩子繫著一張鹿皮權當衣服，邊彈琴邊哼歌。

孔子就問他：「先生為什麼這麼快樂呢？」口沒說：你如此寒酸，還這麼窮歡樂，難道撿到寶了？

榮啟期回答：「我的快樂多了去了。老天生育萬物，其中只有人最高貴，而我有幸成為人，這是頭一件快樂。人群內有男女之別，男尊而女卑，我又有幸成為男人，這是第二件快樂。有的人死於母腹、夭於繈褓，而我已活到了九十歲，這是第三件快樂。貧窮是士的常態，死亡是人的終點，我能夠處於常態走向終點，又有什麼可憂慮的呢？」

孔子感歎道：「好啊！你真是個會自我寬慰的人！」

六、生死相對論（３）：人憂我樂

某年暮春，百歲高齡的林類身著粗陋的皮衣，一邊唱著歌，一邊在田地裏拾取頭年遺落的穀穗。孔子到衛國去，剛好看到了這一幕，便回頭對弟子們說：「誰去跟這個老年人談一談，問他為何如此快樂？」富至千金的端木子貢主動請求前去，在阡陌盡頭迎著林類問：「先生如此快樂地行歌拾穗，難道就沒有一絲悔恨、幾許遺憾？」

林類彷彿沒聽見，仍舊唱他的歌拾他的穗，子貢再三恭敬地詢問，他才抬頭答了一句：「我有什麼可後悔的呢？」

子貢不再繞彎子了：「先生青春時代不勤奮不努力，壯年又不抓緊時間進取，年紀大了沒有妻室兒女，眼看死期將至，還在這田間地頭載歌載行地拾穗，又有什麼值得快樂呢？」

林類哈哈大笑：「我覺得快樂的地方恰恰是常人覺得憂愁的地方。少年不奮發，長大不競取，如此我才能長壽至今；老來無妻子兒女，眼看死期不遠，所以我才這般快樂。」

子貢有點疑惑：「長壽是人們的願望，死亡是人們的忌諱。您老卻以死亡為快樂，什麼原因呢？」

林類說：「一死一生好比一往一來，在此處死亡，又怎會知道不在彼處誕生呢？所以我知道生不等於死，它們是一個圓上的兩點。我又怎麼知道蠅營狗苟地生活不是一種迷誤呢？又怎麼知道我當下的死去不比過往的誕生更好呢？」

子貢不能參透這些玄言，回來告訴孔子。孔子說：「我一望就知道那老者值得交談，果然如此。但是，他所掌握的事理並不是最全面的。」

七、生死相對論（4）：行人與歸人

子貢常年奔走在曹、魯兩地，錢是掙了不少，卻越來越不願意靜心學習了，他對孔子說：「我想休息一段時間。」

孔子說：「人生無所謂休息。」

子貢問：「那學生我就沒可以休息的地方了嗎？」

孔子說：「你看那墳墓，高高的，像一隻巨大的鬲,就知道休息的地方了。」

子貢恍然：「原來是死亡啊！君子、小人的共同歸宿。」

孔子說：「你總算明白了。人都知道活著的快樂，不知道活著的痛苦；知道老時的疲憊，不知道老時的安逸；知道死亡的可惡，不知道死亡的可愛。晏子曾經讚揚過：

太好了啊，
自古就有死！
仁人得以休憩，
不仁的人在此安息。

死亡是人應得的歸宿，古時候稱死人為歸人。既然死人是歸人，那麼活著的人就是行人了。只知道行而不知道歸，等於拋棄家庭，反而不知道這是不對的。有人離開鄉土、告別六親、荒廢家業、浪跡四方而不回歸，這是怎樣的人呢？社會上必然稱之為狂蕩之人。又有人護形養生、矜巧逞能、爭名奪譽、炒作自己而不休止，這又是什麼樣的人呢？社會上必然認為是智謀之士。這兩類人都是偏執的，但社會上卻認為後者是前者非，唯有聖人知道該稱讚什麼、否定什麼。」

八、列子的主要觀點

有人曾問過列子先生：「您為什麼崇尚虛呢？」

列子說：「虛本來就存在，無須崇而尚之。」

列子先生又詠歎道——

斧正此名，敲定彼名，
還不如保持靜、保持虛。
靜呀虛呀，
得到適宜的居處；
爭取呀給予呀，
就喪失適宜的居處。
事物破毀而後舞弄仁、義，
再也不能恢復！

九、鬻熊之歌

運轉無窮無已，
天地緩慢位移，
誰察覺了呢？
物質在那裏虧損、充盈在這裏，
完成在這裏、消耗在那裏，
虧損、充盈，完成、消耗，
隨時生、隨時死，
往來相接，間隔難悟難省，
誰察覺了呢？
元氣不會突飛猛進，
形體不會立刻損虧，
也無法察覺它們最終的完成，
也無法察覺它們最終的損虧。
又如人自出世至衰老，

容貌、膚色、神智、體態每天都有差異，
皮膚、指甲、毛髮隨時生長隨時脫落，
並不是嬰孩階段就停頓而不變易，
其中細微的間隔也無法觀察，
等量變到了質變才能後覺後知。

十、杞人憂天

　　杞國有人擔心天地會塌陷、自身將失去寄託之所，竟到了
廢寢忘食的地步。又有為那人的擔心而擔心的人前去勸慰，說：
「天不過是氣聚積起來的，而氣又無處不在，你的一伸一屈一呼
一吸整日都在天中進行，為何要擔心它會崩墜呢？」

　　那人就問：「天如果真是積氣，那麼日月星宿不就隕落了
嗎？」

　　勸慰者說：「日月星辰也是積氣而能發光耀輝，即使墜落也
不可能中傷人類。」

　　那人又問：「地壞了，怎麼辦？」

　　勸慰者解釋道：「地是土聚積起來的，充滿四方空虛之處，
無處不在。你走、跑、踏、跳整天都在地上進行，為何擔心它會
壞呢？」

　　那人釋然大喜，勸慰者也釋然大喜。

　　長盧子聽了這件事後笑著說：「虹霓、雲霧、風雨、四季和
氣一道形成了天，山嶽、河海、金石、火木和土一道形成了地。
既然知道是這樣，怎麼能說天地不壞呢？天地是無限空間中的細
微物體，是有限空間中的最大物體，對人來說則是個難以看透、

難以測定的謎團。擔心它們會毀壞，實在是想得太遠了；說它們不會壞，也不對。天地不得不壞，到頭來總歸要壞。如果倒楣正好遇到天地毀壞的時候，豈有不憂不愁的？」

老師聽後，笑著說：「說天地會壞的，荒謬；說天地不會壞的，同樣荒謬。壞與不壞，不是我所能知道的。既然不知道，那麼會壞是如此，不會壞還是如此。所以，生不知道死，死不知道生，將來不知過去，過去不知將來，白天不知夜的黑。壞與不壞的問題，我又何必總掛在心頭呢？」

十一、最高統治者也不能佔有道

舜問他的大丞：「人可不可以佔有道？」

大丞回答：「您的身體不能由您佔有，您哪能佔有道呢？」

舜又問：「我的身體都不由我佔有，那麼是誰佔有著我的身體呢？」

大丞回答：「您的身體是天地所賦予並佔有的。誕生不由您掌控，而由天地所賦予的和氣；性命不由您掌控，而由天地所賦予的順氣；子孫也不為您所佔有，他們是天地所賦予的蛻變的產物。因此，人的行動缺乏一致的目標，居住沒有定準，飲食沒有規律。天地強健陽剛，全由於無形的氣。比氣更加空虛、無為的道又怎能被人佔有呢？」

十二、盜天時地利以致富

齊國的國氏非常富裕，宋國的向氏非常貧窮。向氏曾專門出國去向國氏請教脫貧致富之術。

　　國氏說：「我不過是擅長偷盜罷了。我開始偷盜的第一年只能自給，第二年有了盈餘，第三年就發了。從此以後，就投身公益事業，造福州閭，惠及百姓。」

　　向氏非常高興，原來偷盜可以致富，卻不懂此偷盜非彼偷盜，於是翻牆鑿室，手能觸及的、眼能看到的東西無不拿走。沒過多久，東窗事發，人贓俱獲，連他原先積累下來的正當財物也被沒收了。

　　向氏認為國氏欺騙了自己，便前去責怪他。

　　國氏問：「你是怎樣偷盜的呢？」向氏如實以告。

　　國氏說：「你會錯我的意囉！今天我給你講講清楚。我偷盜的是天時、地利、雲雨的滋潤、山澤的物產，用這些來養殖我的莊稼、修築我的院牆、建起我的屋舍。陸上我偷盜禽獸，水中我偷盜魚鱉，這都是偷盜。禾稼、土木、禽獸、魚鱉都是自然所生，豈是我之所有？但我偷盜這些天生的物產並不會遭殃。金玉、珍寶、穀帛、財貨都是人力所聚，豈是自然所賜？你因偷盜這些而獲罪，能怨誰呢？」

　　向氏更加糊塗了，覺得國氏仍在蒙他，便去向齊國知名隱士東郭重先生請教。

　　東郭先生說：「你全身哪一處不是偷盜得來的呢？偷盜陰陽交彙的和氣促成你的誕生、構成你的形體，而身外之物哪一件又不是偷盜得來的呢？當然，天地萬物互不分離，國氏認作私有，完全是糊塗想法。只不過他的偷盜是公眾認同的，所以不會遭殃；你的偷盜則出於私心，所以會造成罪過。或公或私，都是偷盜；公私不分，仍是偷盜。無論為公為私，都是天地所佔有，個人並無所得。知道天地佔有萬物，還論誰是偷盜、誰不是偷盜呢？」

《列子》講修身平天下和馴化動物的技巧
──《列子‧黃帝》現代版

一、夢遊華胥國

黃帝即位十五年後，看見全天下都擁戴自己，開始有點驕傲自滿了，於是就腐敗墮落了起來。日以繼夜地搞什麼玉房養生呀、歌舞娛樂呀，吃香的，喝辣的，漸漸地膚色黑了、形容憔悴了、頭腦又昏亂、喜怒又無常。

如此過了十五年，他開始擔心國家會動亂，便殫精竭慮、全心全意為人民服務，為百姓落實各項政策、謀取各種福利，結果仍把自己弄得憔悴昏亂、喜怒無常。

黃帝於是歎著氣總結道：「我的過失太深重了！保養個人，出現的禍患是這樣；治理百姓，出現的禍患也是這樣。」

從此拋開紛繁的公務，撤去貼身的侍從，解散歌舞班子，從皇宮搬到客房，靜心安形，三個月不過問政事。在一次晝寢當中，他夢見自己漫遊到了華胥氏之國：

這個國家在中國正西之西、
西北之北，

不知道離中部有幾千萬里，
反正坐船、趕車、走路都無法涉及，
只能神遊而至。
這裏無政府無君長，
聽其自然而已；
民眾無願望無嗜欲，
聽其自然而已。
不知道樂生，
不知道惡死，
所以沒有夭亡；
不知道親己，
不知道疏物，
所以沒有愛憎；
不知道迕逆，
不知道趨順，
所以沒有利害。
全都沒有什麼愛惜，
全都沒有什麼畏忌。
入水不溺，
入火不熱。
刀砍鞭撻，不留傷痛。
指抓手搔，不覺酸癢。
飛騰空中如腳踏實地，
睡在虛處如躺在床上。
雲霧障礙不了他們的視，
雷霆擾亂不了他們的聽，

美惡迷惑不了他們的心，

山谷阻止不了他們的步，

因為他們只用精神遊行天地。

夢醒之後，黃帝怡然自得，召來天老、力牧、太山稽三位臣相，告訴他們說：「我閒居了一段時間，靜心安形，思索養身治國的法子，結果毫無所獲。疲倦而入睡，卻夢見了這些。今天我終於知道最好的辦法是不能刻意強求的。我知道這最好的辦法了！我掌握這最好的辦法了！但我卻不能告訴你們。」

又過了二十八年，天下大治，幾乎達到了華胥氏之國的水平，而黃帝卻仙逝了。百姓哭他懷念他，兩百多年來不停不斷。

二、列姑射神人

列姑射山在海河洲中，

山上有一位神人：

吸風飲露，

不食五穀。

心如深泉，

形如處女。

不寵不愛，

仙、聖都向他伏首稱臣；

不威不怒，

大家都老老實實聽他驅使；

不施恩不行惠，

物品自能充足；

不聚不斂，

本身自無罪愆。

陰陽經常調和，

日月經常光明，

四季經常順當，

風雨經常均勻，

生育經常合時，

五穀經常豐盈。

鄉土沒有瘟疫，

人民沒有夭折，

萬物沒有災害，

鬼怪沒有蹤跡。

三、御風術

　　列子跟隨良師老商氏、益友伯高子學會了乘風飛行之術。

　　當列子乘風歸國之後，一個姓尹名章戴的書生便跑來賴著不走，幾個月都不回家。一得空暇他就向列子請學御風之術，求了十次都被回絕了。尹生只好怨恨著回了家，列子也沒有阻攔。

　　過了幾個月，他心有不甘，又跑回來找列子。

　　列子說：「你為什麼去來這樣頻繁呢？」

　　尹生說：「以前章戴向您請教，您不肯傳授，心裏確實對您有所不滿。現在怨恨已消，所以又來了。」

　　列子說：「以往我認為你通情達理，沒想到你鄙陋到了這種程度！坐下！我來給你講講我當初是怎麼拜師學藝的。從我侍奉

先生以來，心裏不敢是是非非，口頭不敢說好說歹，三年之後才換來先生斜眼一看，五年之後他才開顏對我笑一笑，七年之後才讓我與他同席而坐。九年過去了，我什麼都敢想，什麼都敢說，也不知道自己的是非利害，也不知道他人的是非利害，甚至忘了先生是我的老師。我全身內外打成了一片，眼、耳、鼻、口相通互用，心神專凝，形體輕鬆，骨肉全都融合，不再感到身體有所倚、雙足有所履，隨風東西，就像乾枯的樹葉與筍殼，竟不知道是風乘我呢？還是我乘風？現在你小子吃住在我這裏，幾個月就不耐煩了。你急功近利，心重身重，想履虛乘風，又怎麼辦得到呢？」

尹生聽後非常羞愧，摒息良久，不敢再說什麼。

四、潛水蹈火之謎

列子請教關尹子：「至人潛行不被水窒息，蹈火不被燙傷，走在超乎萬物的高端之上而不戰慄，請問怎樣才能達到這種級別呢？」

關尹子說：「這必須保持著純正之氣，而不是仰仗智力、技巧、勇氣之類。坐下來吧！我告訴你。凡有面貌、形象、聲音、膚色的都是人，為什麼人與人之間差距這麼大呢？為什麼唯獨至人能做到這樣呢？顯然還有比形色更優先的因素在起作用。這就是品質，它沉潛無形，而且穩定不變。一旦養成這種品質並將其發揮到極至，水啦火啦這類外物豈能阻擋得了他？怎樣培養這種品質呢？必須掌握一個不過分的度，韜光晦跡於恍惚之中，與萬物一道參與循環，使其性專一、其氣純正、其德玄妙，最終臻於無形、不變之境。像這樣的人，他的天性完美，他的神氣不虧，

外物自然無懈可擊、無隙可乘、無孔可入。醉酒的人從車上摔到地上，哪怕受了傷，也跌不死。他的骨節與人相同，而犯險的結果與人相異，就是因為他的神氣渾然一體，坐在車上沒有知覺，墜到地上也沒有知覺，更不存在對死亡的恐懼。借助酒精的麻醉尚能保全身體，何況借助於優秀的內在品質呢？品質優秀的人消溶小我在大道裏，所以外物傷害不了他。」

五、揮斥八極

　　一次，列子在伯昏瞀人的面前顯擺自己的射擊技術，先拉滿了弦，再放一杯水在肘關節上，然後一箭接一箭地發射。此時此刻，列子身板挺直如木偶一般。

　　伯昏瞀人就說：「這不過是射擊的初階，並非射擊的佳境。倘若我和你登上高山，踩著危石，面臨百仞之淵，你還能這樣射擊嗎？」

　　於是瞀人便登上高山，踩著危石，面臨百仞之淵，向後退了幾步，兩足有一半懸空在外，請列子走過去。列子嚇得趴在石上，冷汗從頭流到了踵。

　　伯昏瞀人就說：

　　　瞧那至人，
　　　可以飛上青天，
　　　潛入黃泉，
　　　揮斥八極，
　　　神氣不變。
　　　而你卻驚破了膽，

眼色大異，

你想射中目標豈不太難！

六、感天動地驚鬼神

晉國豪族范氏有個兒子叫子華，喜歡招養門客，舉國上下趨之如鶩。他頗得晉王的寵愛，雖無一官半職而權力比三卿還大。只要是受他重視的人，晉王就封賜爵位；只要他說誰不行，晉王就廢黜誰。於是，來往於他家的人同上朝的人一樣多。子華唆使他的俠客們互相爭鬥，以智攻愚，以強凌弱，儘管在他面前鬥得傷筋破皮，誰都不介意。整日整夜他都以此為遊戲娛樂，差不多成了全國的一種風尚。

禾生、子伯二人是范家的上賓，一次出外郊遊，借宿在老農商丘開的家裏。半夜，禾生、子伯談論到子華的名聲權勢，說他能讓生者死、死者生、富者貧、貧者富。而掙扎在溫飽線上的商丘開正好在北窗下偷聽，第二天他借了些糧食用畚擔著就去登子華之門。

子華的門徒都是世族出身，穿華服，乘名車，走得慢，看得遠。回頭見商丘開年老體弱、面目鱉黑、衣冠不整，無不加以蔑視，隨即又對他極盡戲弄、欺辱、推打之能事。商丘開一直沒有怒容，而這些門客的伎倆用完了，戲笑也累了，便和商丘開一同登上高臺。

有人當眾隨便說道：「有能夠自願往下跳的賞賜百金。」

大家爭相應和。商丘開信以為然，便搶先跳了下去，形體像飛鳥，輕飄飄地落了地，肌骨毫無損傷。範家這幫惡作劇之人認為純屬偶然，不足為奇。

又指著河灣深水處說：「那裏面有寶珠，潛水就可得到。」

商丘開再次信從他們所說游到水中，出水後，果然拿到了寶珠。大家方才驚訝不已，子華方才讓他加入到食肉衣帛的行列中來。不久，范家庫房發生了大火災。

子華就說：「你若能入火取出錦來，取出多少全部賞給你。」

商丘開從容而往，毫無難色，在火中進進出出，身體沒燒焦不說，連火灰都沒沾上半點。

范家這幫門客以為他有法術，便一齊賠不是：「我們不知您有法術而嘲弄您，不知您是神人而侮辱您。您把我們當傻子好了，您把我們當成聾子好了，您把我們當成子瞎好了。斗膽請問您所使用的到底是什麼法術。」

商丘開對子華說：「我沒有法術。連我的心也不知道何以能做到這一步。不過有一件事我要告訴您，先前您的兩個門客在我家借宿，聽他們稱譽範家的權勢，能讓生者死、死者生、富者貧、貧者富。我完全相信，所以不遠而來。來了以後，以為您這幫人的話句句屬實，唯恐相信得不夠、履行得不快，便忘記了形體和安危，一心一意去對待，所以外物沒能傷害我。如今方知您這幫人在戲弄我，我才心存顧忌、瞻前聽後。幸好當時沒被燒焦淹死，現在想起來真是後怕，哪還敢再去接近深水烈火呢？」

自此之後，范氏門徒路遇乞兒、馬醫必定下車致禮，不敢加以欺辱。魯國人宰我聽說了此事，便去告訴他的老師孔子。

孔子說：「你不知道最誠實的人可以感化萬物嗎？他可以感動天地鬼神，縱橫六合八極，無障無礙，哪裡僅僅只是履危險、入水火而已呢？商丘開相信謊話尚且可以得到鬼神的護佑，何況我們彼此全然以誠相待呢？你小子好好記住！」

七、養虎之法

　　周宣王的牧正有個手下叫梁鴦，能飼養活捉回來的野生禽獸。飼養在園林庭院之內，縱然兇猛如虎、狼、雕、鶚之類也無不柔順馴服：雄雌交配，後代成群；異類雜居，和平共處。宣王擔心這高超的馴養技術到梁鴦這兒就失傳了，便命令毛丘園來繼承。

　　梁鴦說：「鴦不過是低賤的役夫，有什麼技術可傳授給你呢？又怕王說我保守對你隱瞞，暫且講一講我養虎的方法吧。大凡順之則喜，逆之則怒，這是有血氣的動物的通性。然而喜怒難道會無緣無故地產生嗎？不過都是人為引起的罷了。餵虎不敢餵活體動物，怕他在咬殺活物的過程中發怒；不敢餵完整的動物，怕它在撕碎全物的過程中發怒。要隨時瞭解它的饑飽，通曉它的脾氣。虎與人不同類，而討好飼養自己的人，是人依順了它；咬殺飼養自己的人，是人違逆了它。既然如此，我又豈敢違逆它而使其發怒呢？不過也不能一味順著它使其歡喜。因為喜極而怒、怒極而喜都不正常。現在我心內不存違逆和依順的想法，鳥獸就能把我視為它們的同類，在我的園庭中遊逛、棲息，不再思念深山高林、大湖幽谷了。」

八、重外者拙內

　　顏回曾問孔子：「我曾經渡過觴深之淵，擺渡的人撐船極其神妙。我問他：『撐船容易學嗎？』他回答：『容易。游泳高手一學就會。如果擅長潛泳，不學也會，哪怕他連船的樣子都沒見過。』我再追問，他卻笑而不答。敢問老師他說的是何道理呢？」

孔子說：「唉！我與你一樣也琢磨了很久，而未能通曉他所說的實質。我姑且把我所理解到的告訴你。游泳高手一學便會，那是因為他已經不把水放在心上了。潛泳能人不學也會，那是因為他徹底忘了周圍有水。他將深淵看成小山，把船的翻覆看成車的後退。覆沒、倒退等種種現象呈現在他的眼前都攪擾不了他的胸襟，到哪兒能不悠閒自如呢？用瓦做賭注的，會感到輕快；用鉤做賭注的，便有些擔心；用黃金做賭注的，便心緒紊亂。賭徒的技巧是同樣的，而有所顧慮，是因為他太重視外在的財物了。凡是看重外物的，內心必然笨拙。」

九、觀呂梁瀑布

孔子曾經呂梁，觀看過那裏的大瀑布。這條瀑布飛流直下三十仞，產生的泡沫、漩渦長達九十里，魚鱉不能在此活動，連揚子鰐這樣的大傢伙也不敢逗留，卻有一個男子在游泳。孔子大吃一驚，以為他是痛不欲生準備自殺，便叫弟子近前勸阻。

那人不理不睬，游了幾百步才上岸，披頭散髮在潭邊旋走旋唱。

孔子跟上前去問他：「能在這高瀑之下、深潭之中神出鬼沒，應該有什麼技巧或道術吧？」

男子回答：「不，我沒有道術。我只是始乎故，長乎性，成乎命，同漩水一起沉下去，隨湧水一起浮上來，遵從流水規律，決不自作主張。就這麼簡單。」

孔子又問：「什麼叫『始乎故，長乎性，成乎命』呢？」

男子答道：「生於山、長於水的我只不過熟悉環境、諳習水性、順應自然罷了。

十、捕蟬者說

　　孔子去楚國，走出一片樹林，看見一位駝背老人在用粘有蛛網的竹竿捕蟬，就像撿東西那麼容易。

　　孔子禁不住又問：「您有技巧或道術嗎？」

　　老人答道：「我有道術。五六月間，我練習竿頂累泥丸。如果累兩顆保持不墜落，那麼捕蟬失敗的次數就很少；累三顆仍然不掉，那麼十次只有次把失敗；累五個仍能不落，捕蟬就像撿東西那麼容易了。」

> 我凝神定身，
> 像一截豎立的枯樹；
> 我伸出手臂，
> 如枯樹之枝。
> 天地雖大，
> 萬物雖多，
> 我的眼裏只有蟬翼；
> 我不反不側，
>
> 不用萬物替換蟬翼，
> 怎麼會不獲不得？

　　對了，你是穿寬衣大袖的讀書人，又為何要問這事兒呢？先治好你那些學問，然後再記下我的話不遲。」

　　孔子不忘回頭對他的弟子們及時教訓道：「用心專一出神功，這個駝背老人所說不外乎此。」

十一、捉鷗

有個喜好海鷗的人每天早上都到海邊和海鷗遊玩，海鷗常常上百隻地聚集在他周圍。

一日，他的父親提出一個要求：「我聽說海鷗都隨同你玩樂，你抓幾隻來讓我耍耍。」

翌日，他又來到海邊，海鷗卻在空中飛舞，一隻也沒降落下來。這是因為鷗鳥感知到了人的機心。

不用機心才能與海鷗親昵，不用語言才能表達最精妙的語言，不用行動才能演示最高尚的行為。反之，就是淺薄而失敗的。

十二、中山奇人

晉國正卿襄子姓趙名無恤，是簡子的兒子。曾率領十萬之眾在中山進行火畋，大肆踐踏草叢，燒毀林木，火勢綿延百里。有一個人從石壁中鑽出，隨著煙燼的上下而上下，大家都說是鬼物。火勢過了，他慢慢走近，就像沒經歷過什麼似的。

襄子感到奇怪，把他留住，細緻地打量他：形貌、膚色、七竅完全是人，呼吸、語音也完全是人。就問他：用什麼道術能居住在石壁裏面？用什麼道術能入火不被燒傷？

那人有點納悶：「什麼東西稱為石？什麼東西稱為火？」

襄子說：「你剛才出來的地方叫做石，你剛才所涉歷的叫做火。」

那人說：「不知道。」

這件蹊蹺事傳到了魏文侯的耳朵裏，他諮詢他的顧問子夏：「那是什麼人呀？」

　　子夏說：「我聽老師講過，和外物打成一片的人，外物是不能傷害、阻礙他的，穿行金石、赴蹈水火都辦得到。」

　　文侯說：「我尊敬的先生，你為什麼不這樣做呢？」

　　子夏說：「剔除機心，去掉理智，我還辦不到。不過，試著談談個中道理還是綽綽有餘力的。」

　　文侯又問：「您的老師為什麼不這樣做呢？」

　　子夏說：「老師當然做得到，只是不做罷了。」

　　文侯聽後非常高興。

十三、神巫為壺丘子看相

　　有個神巫從齊國來到鄭國掛牌營業，為顧客相面。他名叫季咸，能知人的死生、存亡、禍福、壽夭，預告的年、月、旬、日靈驗如神。鄭國群眾在領教過他的本領後都紛紛避開走掉，怕他再說出不吉利的話來。

　　惟獨列子見之而心醉神迷，回去告訴壺丘子，並感歎道：「最初我以為老師您的道術是最高的，沒想到還有更高的啊！」

　　壺子說：「你只學到了我的表皮功夫，沒有掌握實質，能算得道嗎？好比一群雞全是母的，沒有公的，又怎能孵出蛋呢？而他則是用道來觀察世人，當然就能取得大家的信服，所以也就能夠替你看相。你帶他來，讓我試試他。」

　　第二天，列子和季咸來見壺子。一會兒季咸出來對列子說：「哎！你的老師要死了，活不過十天了。我看到他一副怪相，像一團濕灰。」

　　列子聽後淚濕衣衫，進去告訴壺子，壺子卻說：「剛才我面露土色，界乎動與靜之間，他大概誤以為我的生機已經堵塞了。下次你再叫他來。」

　　第二天，季咸看了壺子的相後對列子說：「真是幸運啊，我看到他閉塞的生機開始活動了，有死灰復燃的希望了。」

　　列子進去告訴壺子。壺子說：「剛才我面露天色，處於名與實之外，他大概看到了我從腳跟萌發的生機了吧。下次你再叫他來。」

　　第二天，季咸看了壺子的相後對列子說：「您的老師心神不安，我沒法給他相命。請他安定下來，我再給他看看。」

　　列子進去告訴壺子。壺子說：「剛才我顯示的是沒有任何徵兆的太虛狀態，他大概看見我平衡了氣機吧。下次你再叫他來。」

　　第二天，列子又和季咸來見壺子。還沒站穩，他自己就先溜了。

　　壺子喊：「快追！」

　　列子沒追上，回來報告壺子：「沒影了，跑掉了，我追不上了。」

　　壺子說：「剛才我顯露的始終未脫離我的本根——

　　　　我隨著他而應變隨機，
　　　　他遂猜不透我的虛實，
　　　　只覺得如茅草在隨風搖曳，
　　　　只覺得如波濤在隨水漂移。

　　所以他就被嚇跑了。」

從此以後，列子才覺得沒有學到什麼東西，羞愧地回到家中，常年都不出門，幫他妻子燒火煮飯：

> 餵豬如餵人，
> 對世事毫不親近，
> 從雕琢復歸真樸，
> 像土塊一般獨立，
> 與紛亂保持界限，
> 專心一志從未改變。

十四、受寵若驚

列子去齊國，半途而廢，回來遇上了伯昏瞀人。

伯昏瞀人問：「為什麼剛去就回來了呢？」

「我受了驚嚇。」

「為什麼會受驚嚇？」

「我曾到十家漿汁鋪喝東西，有五家爭先送漿汁給我。」

伯昏瞀人說：「這是好事呀，你為什麼還驚訝呢？」

「我內心真誠，但還沒有達到化境，僅憑表情、行動的神采就輕易獲得了人們的尊重，這恐怕會招來禍患。漿人賣飲食沒有多餘的盈利，用的也是小秤，對我卻這般慷慨。會不會是因為萬乘之主將要任命於我，才討好我呢？因此，我受寵若驚。」

伯昏瞀人說：「好呀，你真能洞察事理。你這樣嚴於律己，人們必將會歸附你！」

　　沒過多久，伯昏瞀人去找列子，只見門外舄交履錯。伯昏瞀人朝北拄著杖支著頤站了一會兒，沒說話就走了。

　　門衛立即報告列子，列子連忙提著鞋赤著腳趕出門外，問伯昏瞀人：「先生既然來了，為何不給我開一副藥呢？」

　　「算了吧。我原先就對你說過人們將歸附你，果然歸附你了。不是你能叫人歸附你，而是你不能使人不歸附你，又哪裡用得著感召呢？預先進行的感召得不來這樣的效果。必定有什麼撼動了你的本性，這是毫無意義的事，和你在一起的人又不告訴你。

　　　他們的細語巧言，
　　　對人全都有毒；
　　　你卻不覺不悟，
　　　誰跟你真心相處？

十五、楊朱住旅館

　　楊朱向南去沛地，老聃往西遊秦地。楊朱抄小路走，到梁地就遇見了老子。

　　老子站在路中間仰天而歎：「最初以為你孺子可教，今天看來是不行了！」

　　楊朱默不作聲。到了旅館，楊朱端熱水服侍老子洗漱完畢，將鞋子脫下放在門外，跪著移到老子跟前，說：「剛才先生仰天而歎：『最初以為你孺子可教，今天看來是不行了！』學生本想請老師解釋，但行走無暇，所以不敢。現在先生有空了，請問我哪裡錯了？」

老子說：

> 你態度放任而眼光高傲，
> 誰願與你共處？
> 白到極點就像是黑的，
> 充滿的德好似不足。

楊朱突然臉色大變，說：「謹聽您的教誨！」

他到了沛地，旅館的客人歡迎他進住自己的房間，主人為他鋪設座席，老闆娘為他遞毛巾和梳子，有的人讓坐，有的人讓他烤火。等到他從沛地返回，客人們竟然敢跟他搶席位了。

楊朱途經宋國，住進東邊的一家旅館。旅館主人有兩個小老婆，其中一個漂亮，其中一個醜陋，醜陋的地位高貴，而漂亮的低賤。

楊朱就問其中的緣故。

主人回答道：「漂亮的自以為漂亮，我卻不覺得；醜陋的自以為醜陋，我也不覺得。」

於是，楊朱就對弟子們說：「施行賢德而拋棄自以為賢的心理，到哪裡又不受人愛戴呢？」

十六、柔弱與剛強

天下有常勝的道術，有不常勝的道術，常勝之道叫做柔，不常勝之道叫做強。二者易於理解，但人們不去理解。所以——

上古的格言說：「超過不如自己的就是強，自己被別個超過的就是柔。超過不如自己的一旦被別個趕上，就危險了。自己被

別個超過的，就毫無危險。讓一己獲勝是如此，治理天下也是如此，這叫做：不勝而自勝，不治而自治。」

鬻子說：

想剛，

必須用柔來守護它；

想強，

必須用弱來保障它。

積累柔必定能剛，

積累弱必定能強；

觀察所積累的東西，

可以知道禍福的方向。

靠強勝過不如自己的，

等到別個超過自己就容易受到損傷；

靠柔勝過超過自己的，

它的力量不可限量。

老聃說：

兵強就覆滅，

木強就夭折。

柔弱的屬於有前途的，

堅強的屬於無希望的。

十七、外貌與內涵

形體不必相同，但智慧可以相當；智慧不必相同，但形體可以相似。聖人選擇相同的智慧而遺棄相同的形體，眾人親近相同的形體而疏遠相同的智慧。形體跟我相同的，親近進而喜愛，形體跟我相異的，疏遠進而畏懼。有七尺長的身軀，手腳各不相同，戴髮含齒，能倚靠並能行走的，叫做人。而人未必沒有獸心，雖然有獸心，因為形體與己相同就和它親近。長著翅膀和頭角，有著尖牙利爪，仰飛伏走，叫做禽獸。而禽獸未必沒有人心，雖然有人心，因為形狀與人不同就和它疏遠。

伏羲、女媧、神農、夏禹個個蛇身人面、牛首虎鼻，有著異乎常人的形狀，卻有著大聖之德；夏桀、殷紂、魯桓公、楚穆王的外貌七竅都跟常人相同，卻有著禽獸之心；但眾人執著於同一形狀去求得大智慧，是不可能實現的。黃帝與炎帝在阪泉的郊外開戰，率領熊、羆、狼、豹、貙、虎作為先鋒，雕、鶡、鷹、鳶作為旗幟，這是用人力驅使禽獸；堯讓夔掌管樂團，打擊石樂，百獸隨之舞蹈，《簫韶》悠揚，鳳凰來儀，這是用音樂招徠禽獸；既然如此，禽獸之心和人的又有何不同呢？只不過看見它們的形狀聲音與人相異，便不知道接近它們的辦法罷了。聖人無所不知，無所不通，所以能夠招引並驅使它們。

禽獸的智慧有天然就與人相同之處——

它們全都想求得生存，
其智慧也不低於人：
牝牡相配，
母子相親；

避開平地依恃險要，

躲離寒冷靠攏熱溫；

　　居處成群，行動有序；弱小的居內，強壯的居外；飲水則相伴，進食則相喚。太古的時候，它們與人共處，與人同行；帝王出現的時候，它們才驚恐地四處逃散；到了末世，便躲藏起來以避禍害。

　　如今東方介氏之國的人民大都懂得六畜的語言，大概是因為偏重於這方面的認識吧。太古神聖之人通曉萬物的情態、異類的聲音，可以將它們聚集起來加以訓練，達到人的程度。於是他們先招引鬼神，再團結八方人民，最後彙集禽獸昆蟲，因為有血有氣之類的心理智力是相隔不遠的。神聖之人知道這個道理，所以他們能做到有教無類。

十八、朝三暮四

　　宋國有個男人非常喜愛獼猴，在家中養了一大群，人稱「狙公」。日久天長，他已能瞭解猴子的心意，猴子也曉得他的心意。他甚至會節省自家的口糧，來滿足牠們的食慾。

　　不久，家裏出現經濟危機，他便想限制猴子的食量。又怕眾猴鬧情緒不聽使喚，先哄騙道：「給你們餵橡子，早上三道，晚上四道，夠了吧？」

　　眾猴又跳有怒。

　　他馬上改口道：「那早上四道，晚上三道，夠了吧？」

　　眾猴馴服而歡喜。

　　萬物之間用智慧互相籠絡都不過如此，聖人用智慧籠絡愚蠢

的群眾也就像狙公用智慧籠絡眾猴一般——名實不曾虧損，卻能讓人喜怒無常。

十九、呆若木雞

紀渻子幫周宣王馴養鬥雞。

過了十天，王問：「雞可以鬥了嗎？」渻子答道：「不行，它正在心高氣傲。」

過了十天又問，答：「不行，它對雞的動靜還是很敏感。」

過了十天又問，答：「不行，它眼光毒辣、氣焰囂張。」

過了十天又問，答：「差不多了。其他雞即便鳴叫，它已經不再有所反應了。它看上去就像木雞一般，它的德性已經完備了，嚇得別的雞不敢應戰，轉身就逃跑了。」

二十、怎樣超越孔墨

惠盎參見宋康王，康王又是頓足又是咳嗽，忙說：「寡人喜歡的是勇與力，不喜歡仁和義。貴賓你準備賜教什麼給寡人呢？

惠盎回答說：「臣這裏有一種道術，使人再勇猛也刺不進對方的身體，再有力也擊不中對方。大王單單就不在意嗎？」

宋王說：「好，這恰是我想聽到的！」

惠盎說：「不被對方刺入或擊中，這還是低端的技藝。臣這裏有一種道術，使人再勇猛也不敢刺，再有力也不敢擊。不敢並非沒有這個意向，而是臣有一種道術，能讓其本來就不存有刺擊的念頭。不存有刺擊的念頭，也就沒有愛人利人之心。臣這裏有一種道術，能使天下男男女女無不高興地想到愛您利您。這超

過勇而有力，而且還在上面四層境界之上，大王單單就不在意嗎？」

宋王說：「這恰好是我想得到的！」

惠盎答道：「孔、墨就是這樣的高人。孔丘、墨翟沒有領土卻是君主，沒有爵位卻是長官，天下男男女女無不伸著頸項企盼著去愛他們利他們。如今大王乃萬乘之主，果真有這種想法，那麼四方之內皆會得到你的惠澤，又超過孔、墨太遠了！」

宋王啞口無言。

惠盎快步離開，怕等宋王發現自己在偷換概念就慘了。

但宋王卻對左右說：「口才太棒了，貴賓說服寡人了！」

道家第一位大師
——楊子

一

野人無曆日
鳥啼知四時

　　這是西漢辭賦家枚乘的詩句。興許因為本人也在野的緣故吧，我並不想呆板地按《孟子‧滕文公》上「無君子莫治野人，無野人莫養君子」的用法把詩中的「野人」理解為四郊（《禮記‧曲禮》上孔穎達疏：「王城四面並有郊，近郊五十里，遠郊百里；諸侯亦各有四面之郊，里數隨地廣狹：故云四郊也」）之外的農業生產者，倒很願意學歷史小說《三國演義》將其想像成「或駕小舟游於江湖之中，或訪僧道於山嶺之上，或尋朋友於村落之間，或樂琴棋於洞府之內」那樣的「南陽野人」。「野」既是其活動的主要區域，也是其精神的濃縮寫照——這裏面包涵了「粗放」、「純樸」、「自由」、「快樂」等等意義。

　　每當看到「有鳴倉庚／女執懿筐／遵彼微行／爰求柔桑」（《詩‧豳風‧七月》），野人們自然就知道春天來了，就像此時此刻，草兒在我的門前綠了，燕子在我的簷下叫著，我再怎麼

疏懶成性、遠離城市也不會不曉得如今已是「春日載陽」的時令了。像曆書一樣的《禮記·月令》雖然也把「倉庚鳴，玄鳥至」當作春來的徵兆，但野人們是懶得去理睬的，有空閒翻書倒不如去哼哼歌、務務農。

　　在周遊列國的苦旅途中，牛高馬大的孔夫子及其得意門生就不止一回地碰見過這樣的野人，《論語·微子》短短的一篇曾連續記載了其中最有代表性的三次奇遇。

　　先來看第一次，我習慣截取「浪跡天下，以詩酒自適」（劉全白〈唐故翰林學士李君碣記〉）的李白（從某種意義上講也是野人）的詩句將其概括為〈鳳歌笑孔丘〉──

　　　楚狂接輿、歌而過孔子，曰：

　　　　鳳兮鳳兮
　　　　何德之衰
　　　　往者不可諫
　　　　來者猶可追
　　　　已而已而
　　　　今之從政者殆而
　　　孔子下，欲與之言；趨而避之，不得與之言。

　　經過楚國境內的時候，一個像瘋子似的人與孔子的馬車相向而行，他邊走邊唱著和車擦身而過，歌詞大意是說：「鳳呀鳳呀，為何你的德行這麼衰敗呀？過去的不能勸阻，未來的還可彌補。算了算了，現在從政的人太危險了！」孔子聽後馬上下車，想跟他交流交流。但他卻快步避開了，沒能搭上一言半語。

　　有趣的是，《莊子·人間世》的作者或是想借機教訓儒家、一逞口舌之快（司馬遷謂之「以詆孔子之徒，以明老子之術」）吧，竟然故意將動賓片語「接輿」誤讀成了一個名詞、儼然成了楚狂人的名稱，並把那首短歌敷衍成了一篇小賦：

> 孔子適楚，楚狂接輿遊其門曰：「鳳兮鳳兮，何如德之衰也！來世不可待，往世不可追也。天下有道，聖人成焉；天下無道，聖人生焉。方今之時，僅免刑焉。福輕乎羽，莫之知載；禍重乎地，莫之知避。已乎已乎，臨人以德！殆乎殆乎，畫地而趨！迷陽迷陽，無傷吾行！吾行郤曲，無傷吾足！」
> （「鳳啊鳳啊，為什麼你的德行這樣衰敗！未來的世界不可期待，過去的時日追不回來。天下有道，聖人可以成就事業；天下無道，聖人只能苟全性命。當今這個時代，只求免遭刑戮。福祉比羽毛還輕，卻不知道怎麼取得；禍患比大地還重，卻不知道怎麼回避。算了吧算了吧，不要在人前宣揚你的德行！危險啊危險啊，人為地劃出一條途徑讓大家去遵循！雖然遍地荊棘，但並不妨礙我的前進！我走曲折的小路，並不會傷害我的雙足！」）

　　還有更玄的，隱居東海、後被唐太宗召至京城加號為「西華法師」的成玄英（不過是一出了名的野人）曾經飽含深情地解釋道：「時孔子自魯之楚，舍於賓館。楚有賢人姓陸、名通、字接輿，知孔子歷聘，行歌譏刺。『鳳兮鳳兮』，故哀歎聖人、比於來儀應瑞之鳥也，有道即見，無道當隱，如何懷此聖德往適衰亂之邦者耶？！」這下好了，「接輿」又搖身變成了楚狂人的字

並且配備了尊姓大名，原本勞頓於車馬的孔二先生更是想當然地住進了舒適的賓館，而異派的訕笑也變質成了同行（一是魯之聖人，一是楚之賢人，聖賢聖賢無非都是人中精英）的哀歎，成法師大概忘了《世說新語・簡傲》「嵇康與呂安善，每一相思，千里命駕。安後來，值康不在，（嵇）喜出戶延之，不入，題門上作『鳳』字而去」云云仍保留著拿「鳳」（可拆成「凡鳥」二字）嘲弄人的作風吧。

第二次姑且叫做〈子路問津〉——

長沮、桀溺耦而耕，孔子過之，使子路問津焉。

長沮曰：「夫執輿者為誰？」

子路曰：「為孔丘。」

曰：「是魯孔丘與？」

曰：「是也。」

曰：「是知津矣。」

問於桀溺。

桀溺曰：「子為誰？」

曰：「為仲由。」

曰：「是魯孔丘之徒與？」

對曰：「然。」

曰：「滔滔者天下皆是也，而誰以易之？且而與其從辟人之士也，豈若從辟世之士哉？」耰而不輟。

子路行以告。

夫子憮然，曰：「鳥獸不可與同群，吾非斯人之徒與而誰與？天下有道，丘不與易也！」

這次輪到孔子反罵這些「辟世之士」為「鳥獸」了，「辟」讀若「避」。在《憲問》篇中早有「子曰：『賢者辟世，其次辟地，其次辟色，其次辟言』（南懷瑾《論語別裁》下冊《入山未必心安》：「『賢者辟世』，時代混亂的時候，不與現實發生關係，脫離這現實社會，和隱士一樣修道去。再其次是『辟地』，一個地方太混濁，不同意這環境，就離開這個地方。再其次『辟色』，處世的態度上要注意，在亂世動盪的社會中，對人對事，言論思想要端正謹嚴，對任何人的態度都要和善，能夠包容別人，不要有傲慢、鄙薄的態度。相對的說，看著風頭不對，他大概與我合不來了，那自己就早一點離開吧！再其次『辟言』，不發牢騷。這是孔子告訴我們的四辟。由此看來，孔子對於隱士思想，何嘗不贊成！他教弟子們的四辟，已經走上隱士的路子了」）的明確定位，桀溺說孔丘是「辟人之士」，其實只相當於孔子自己所謂「辟色」之人罷了。看來孔子的態度是搖擺不定的，有時覺得避世的是賢人，有時又氣他們不積極地從事於天下的變革。這也就是社會中層之士的典型心理，誠如范文瀾《中國通史簡編》第一編第四章第九節所論：

當時（指「東周後半期，公室卑弱，大夫兼併，宗族制度在瓦解，家庭制度在興起，社會發生大變動」之際——趙秋按）處在社會中間的士階層，上有貴族大夫，下有庶民工商，能上達但不能順利上達，怕下降但可能失職下降。士在軍事上任作戰骨幹，政治上任中下級官吏，文化上學得古今知識，經濟上擁有私有田宅產業，社會地位重要而不高，想取得官職，必須依附把持國政的世卿貴族。士「四體不勤，五穀不分」（《論語·微子篇》），恥惡衣惡

食（詳細情況可參看《論語・鄉黨》──趙秋按），認定耕種要挨餓，學道可得祿（《論語・衛靈公篇》「耕也餒在其中矣，學也祿在其中矣」），看不起老農老圃的勞苦生產，唯一希望是做官食祿。但士在未出仕時，生活接近庶民或過著庶民的生活，還能看到民間的疾苦，懂得「節用而愛人，使民以時」（《論語・學而篇》）、「百姓足，君（國君）孰與不足；百姓不足，君孰與足」（《論語・顏淵篇》）、「不患寡而患不均，不患貧而患不安」（《論語・季氏篇》）、「財聚則民散，財散則民聚」、「與其有聚斂之臣，寧有盜臣」（《禮記・大學篇》）一類治國安民的道理。士是統治階級的最下一層，當他求仕干祿向上看時，表現出迎合上層貴族利益的保守思想，當他窮困不得志向下看時，表現出同情庶民的進步思想。士看上時多，看下時少，因此士階層思想保守多於進步性，妥協性多於反抗性。孔子學說就是士階層思想的結晶。

　　長沮、桀溺等避世之士興許也是仕途上的敗將，一旦對上層徹底失望之後，他們只好從「滔滔者天下皆是也」（可對比〈憲問〉篇「荷蕢」者教訓孔子要「深則厲，淺則揭」；隱士們都覺得社會太黑暗就像水太深一樣，沒法改良，個人能做的只是「因應順勢」、隨宜權變罷了）的激流中勇退下來、開始重新扮演庶民的角色，於是就有了「耦而耕」的野人行徑。耦耕字面上是指兩人各持一耜（一種形似鍤的農具）駢肩而耕，實際上包括了開荒、平整土地、建立排水系統等等工序。
　　第三次是子路掉隊後的遭遇，可以名為〈荷蓧丈人〉──

> 子路從而後，遇丈人，以杖荷蓧。
>
> 子路問曰：「子見夫子乎？」
>
> 丈人曰：「四體不勤，五穀不分，孰為夫子？」植其杖而芸。
>
> 子路拱而立。
>
> 止子路宿，殺雞、為黍而食之，見其二子焉。
>
> 明日，子路行以告。
>
> 子曰：「隱者也。」使子路反見之。至，則行矣。
>
> 子路曰：「不仕無義。長幼之節，不可廢也；君臣之義，如之何其廢之？欲潔其身，而亂大倫。君子之仕也，行其義也。道之不行，已知之矣。」

　　老師雖然受到了無情而切實的批評，卻並不妨礙自己成為那個瀟灑地用拐杖挑著除草工具的老頭兒（錢穆《莊老通辨》上卷稱「芸是除草義，萊亦是除草義。可見老萊子即是荷蓧丈人，只說是一個在田除草的老人。那老人的名字，當時可並不曾記下。所以司馬遷《史記》的《老子列傳》裏也說：『或曰：老萊子，亦楚人也。著書十五篇，言道家之用，與孔子同時云』」，這樣的考證簡直讓人噴飯）的座上賓。在當時以粟（小米，其中特別優良的一種專稱「粱」）為主要口糧的地區，黍（主要有三種類型：黍子、糜子、稷）算是比較珍貴的食物。殺雞做菜以佐黍米飯，對農家來說無疑已是盛情款待了。嗣後子路不但不因此而減弱自己對這類隱者批判的苛刻程度，還上綱上線說他們不出仕是一種無義、亂倫之舉。反之，在這些潔身自好的隱者意料之中，孔丘師徒救世的努力則是徒勞無益的，所謂「知其不可而為之」（《論語‧憲問》）。

二

　　如果說《論語》中的隱士還像是一些「寂寞高手」的話，
那麼《列子‧天瑞》篇裏的榮啟期、林類之類野人業已升級成了
「快樂英雄」——

　　孔子遊於太山，見榮啟期行乎郕之野，鹿裘帶索，鼓琴而歌。
　　孔子問曰：「先生所以樂何也？」
　　對曰：「吾樂甚多。天生萬物，唯人為貴，而吾得為人，
　　是一樂也；男女之別，男尊女卑，故以男為貴，吾既得為
　　男矣，是二樂也；人生有不見日月、不免襁褓者，吾既已
　　行年九十矣，是三樂也。貧者士之常也，死者人之終也，
　　處常得終，當何憂哉？」
　　孔子曰：「善乎能自寬者也！」
　　林類年且百歲，底春，被裘，拾遺穗於故畦，並歌並進。
　　孔子適衛，望之於野。顧謂弟子曰：「彼叟可與言者，試
　　往訊之！」
　　子貢請行。逆之壟端，面之而歎曰：「先生曾不悔乎？而
　　行歌拾穗？」
　　林類行不留，歌不輟。子貢叩之不已，乃仰而應曰：「吾
　　何悔邪？」
　　子貢曰：「先生少不勤行，長不競食，老無妻子，死期將
　　至，亦有何樂而拾穗行歌乎？」
　　林類笑曰：「吾之所以為樂，人皆有之，而反以為憂。少
　　不勤行，長不競時，故能壽若此；老無妻子，死期將至，
　　故能樂若此。」

子貢曰：「壽者人之情，死者人之惡。子以死為樂，何
也？」

林類曰：「死之與生，一往一反。故死於是者，安知不生
於彼？故吾知其不相若矣，吾又安知營營而求生非惑乎？
亦又安知吾今之死不愈昔之生乎？」

子貢聞之，不喻其意，還以告夫子。

夫子曰：「吾知其可與言，果然；然彼得之而不盡者
也！」

（孔子準備去遊泰山，看見榮啟期在郕地的郊外行走，身上
用繩子繫著一張鹿皮權當衣服，邊彈琴邊哼歌。

孔子就問他：「先生為什麼這麼快樂呢？」

榮啟期回答：「我的快樂多了去了。老天生育萬物，其中
只有人最高貴，而我有幸成為人，這是頭一件快樂；人群內有男
女之別，男尊而女卑，我又有幸成為男人，這是第二件快樂；有
的人死於母腹、夭於襁褓，而我已活到了九十歲，這是第三件快
樂。貧窮是士的常態，死亡是人的終點，我能夠處於常態走向終
點，又有什麼可憂慮的呢？」

孔子感歎道：「好啊，真是個會自我寬慰的人！」

某年暮春，百歲高齡的林類身著粗陋的皮衣，一邊唱著歌，
一邊在田地裏拾取頭年遺落的穀穗。

孔子到衛國去，剛好看到了這一幕，便回頭對弟子們說：
「誰去跟這個老年人談一談，問他為何如此快樂？」

富至千金的端木子貢主動請求前去，在阡陌盡頭迎著林類
問：「先生如此快樂地行歌拾穗，難道就沒有一絲悔恨、幾許遺
憾？」

　　林類彷彿沒聽見，仍舊唱他的歌拾他的穗。子貢再三恭敬地
詢問，他才抬頭答了一句：「我有什麼可後悔的呢？」

　　子貢不再繞彎子了：「先生青春時代不勤奮不努力，壯年又
不抓緊時間進取，年紀大了沒有妻室兒女，眼看死期將至，還在
這田間地頭載歌載行地拾穗，又有什麼值得快樂呢？」

　　林類哈哈大笑：「我覺得快樂的地方恰恰是常人覺得憂愁的
地方。少年不奮發，長大不競取，如此我才能長壽至今；老來無
妻子兒女，眼看死期不遠，所以我才這般快樂。」

　　子貢有點疑惑：「長壽是人們的願望，死亡是人們的忌諱。
您老卻以死亡為快樂，什麼原因呢？」

　　林類說：「一死一生好比一往一來，在此處死亡，又怎會知
道不在彼處誕生呢？所以我知道生不等於死，它們是一個圓上的
兩點。我又怎麼知道蠅營狗苟地生活不是一種迷誤呢？又怎麼知
道我當下的死去不比過往的誕生更好呢？」

　　子貢不能參透這些玄言，回來告訴孔子。

　　孔子說：「我一望就知道那老者值得交談，果然如此。但
是，他所掌握的事理並不是最全面的呀！」）

　　暮春天氣，兩個耄耋老人，腰身上用草繩拴著粗陋的獸皮
以抵擋料峭的春寒，在田間地頭邊走邊唱，或鼓瑟，或拾穗，快
樂到了極致，簡直讓孔子師徒有點摸不著頭腦了。上前一問，結
果他倆不過是懂得知足常樂、善於自我安慰罷了。在他倆眼中，
營營求生已經是一種迷惑了，又何況於汲汲入仕呢？當然，自找
苦吃而不悔的孔仲尼是不敢苟同的，所謂「彼得之而不盡者也」
──他們只不過見道一邊、觸及了事理的局部罷了。

　　讀到「趨而避之，不得與之言」、「使子路反見之。至，
則行矣」之類故弄玄虛的描述，我們不能不懷疑楚狂、長沮、桀

溺、荷蓧丈人、榮啟期、林類諸位隱者（還可以把〈憲問〉裏的
晨門、荷蕢者算進來）也許只是虛構的寓言人物。但《論語‧微
子》緊接著荷蓧丈人那段之後有如下一章——

> 逸民：伯夷、叔齊、虞仲、夷逸、朱張、柳下惠、少連。
> （此或即《憲問》所謂「作者七人」——趄秋按）
> 子曰「不降其志，不辱其身，伯夷、叔齊與」，謂「柳下
> 惠、少連，降志辱身，言中倫，行中慮，其斯而已矣」，
> 謂「虞仲、夷逸，隱居放言，身中清，廢中權。我則異於
> 是，無可無不可」。

　　這似乎才是孔子在正面而客觀地評價歷史上真正存在過的
避世之士，並且明確地跟他們劃清了界限。所謂「放言」，就是
放肆直言、抨擊時弊，例如前引「滔滔者天下皆是也，而誰以易
之」即是。
　　時勢造英雄，也讓隱者留名，恰恰就是這些放言的野人隨
著小流成為了道家的執輿者、先驅者，正像馮友蘭《中國哲學簡
史》第六章之「早期道家和隱者」一節所分析的那樣：

> 這些人大都離群索居，遁跡山林，道家可能就是出於這種人。
> 可是道家也不是普通的隱者，只圖「避世」而「欲潔其
> 身」，不想在理論上為自己的退隱行為辯護。道家是這樣的
> 人，他們退隱了，還要提出一個思想體系，賦予他們的行為
> 以意義。他們中間，最早的著名的代表人物看來是楊朱。

　　楊榮國《中國古代思想史》第七章第一節亦云：

在孔子的時代，那時常譏笑孔子的，有長沮桀溺、楚狂接
輿、荷蓧者、荷蓧老人及石門的晨門者等等。這許多人，
都是楊朱思想的前導。（這兩句中有稱呼和語法上的紕
漏，但大意不誤，姑妄仍之──趕秋按）

三

一方水土（現代稱之為自然環境）養一方人，水土不同，生
長於斯的人自然也會隨之而異，西漢劉安主編的《淮南子》一書
已暗示出這個定理，其〈地形〉篇云：「湍水人輕，遲水人重，
中土多聖人……堅土人剛，弱土人肥，壚土人大，沙土人細，息
土人美，耗土人醜」；不僅如此，水土的差別還會影響、導致人
產生各種各樣的觀念，所以其〈氾論〉篇總結道：「夫弦歌鼓舞
以為樂，盤旋揖讓以修禮，厚葬久喪以送死，孔子之所立也，而
墨子非之。兼愛，尚賢，右鬼，非命，墨子之所立也，而楊子非
之。全性保真，不以物累形，楊子之所立也，而孟子非之。」

所謂孟子非楊子是指曾自詡「如欲平治天下，當今之世舍我
其誰」（《孟子・公孫丑》下）的孟軻嚴詞批評楊朱，典出《孟
子・滕文公》下：當公都子（孟子弟子）向孟子求證「外人皆稱
夫子好辯」是否屬實的時候，孟子激情澎湃地講演了一大篇從唐
堯到自己所處時代的通史。下面只選錄後半部──

聖王不作，諸侯放恣，處士橫議，楊朱、墨翟之言盈天
下。天下之言不歸楊，則歸墨。楊氏為我，是無君也。墨
氏兼愛，是無父也。無父無君，是禽獸也。……楊、墨之

道不息，孔子之道不著，是邪說誣民、充塞仁義也。仁義
充塞，則率獸食人、人將相食。吾為此懼，閒先聖之道，
距楊、墨，放淫辭，邪說者不得作。——作於其心，害於
其事；作於其事，害於其政。——聖人復起，不易吾言
矣！昔者禹抑洪水而天下平，周公兼夷狄、驅猛獸而百姓
寧，孔子成《春秋》而亂臣賊子懼。《詩》云「戎狄是膺
／荊舒是懲／則莫我敢承」，無父無君是周公所膺也。我
亦欲正人心、息邪說、距詖行、放淫辭以承三聖者，豈好
辯哉？予不得已也。能言距楊、墨者，聖人之徒也。

（如今聖王沒再出現，諸侯無所忌憚，處士大發議論，楊
朱、墨翟的學說遍佈天下。楊派主張「為我」，就是目無君上；
墨派主張「兼愛」，就是目無父輩。無父無君，就是禽獸了。
楊、墨的理論不消滅，孔子的理論難發揚，只因邪說欺騙了百
姓、阻礙了仁義的宣傳。仁義被阻礙，就會導致人率領野獸來吃
人甚至於人吃人。我擔心社會將發展到此地步，便起而捍衛先聖
的真諦，反對楊、墨，駁斥謬論，使邪說不能抬頭。——邪說侵
入人心，會危害各種事務；貫徹於事務之中，會危害政治。——
即使聖人重生，也改變不了我的看法！從前大禹制服洪水使天下太
平，周公兼併夷狄、驅走猛獸讓百姓安寧，孔子編成《春秋》令
亂臣賊子畏懼。《詩・魯頌・閟宮》記載「打擊西戎、北狄，懲治
楚荊、南舒，無人敢與我抗衡」，無父無君的人正是周公抗擊的對
象。我也想端正人心、平息邪說、反對偏激的行為、駁斥荒唐的言
論以傳承上述三位聖人的事業，難道這叫嗜好爭辯嗎？我不得已才
如此呀。能夠用言辭對抗楊、墨的人，才配躋身於聖人之流。）

　　自任為道統繼承人的孟子局限於環境、種族、性格、職位和門戶之見，而且未經三思，所以才會說出這些偏宕的話來，千載之後的我們毫無必要去責備他。姑妄聽之之餘，至少還可以從中抽繹出這樣一些史實：戰國之際，楊朱思想已經傳播開來，甚至能跟儒、墨顯學鼎足而三；正如墨家針鋒相對儒者、處士（與「仕士」相對而言，指有才德而隱居不仕的人）慣常非議朝政、莊周學派要「鉗楊、墨之口，攘棄仁、義」一樣，孟子也是極端排斥楊、墨的。

　　另有一點也值得注意：孟子幾次提及兩者，總是先楊後墨，證明楊朱的生卒年代比墨翟早。《列子》記載「楊朱南之沛」見老聃，《莊子》記載孔丘「南之沛見老聃」（有關孔老相會和孔子學於老子的記載見於《莊子》五次、《禮記》四次，又見於《呂氏春秋》、《史記》、《孔子家語》等），可知楊子和孔子同時而年齡都少於老子，而孔子死後墨子才出世。不曉得是出於何種企圖，錢穆《先秦諸子繫年》卷三《楊朱考》偏要黃口白牙否定孟子的紀實，說什麼：楊朱的事蹟「少可考見。先秦諸子無其徒，後世六家九流之說無其宗，《漢志》（《漢書・藝文志》的簡稱——趨秋按）無其書，〈人表〉（《漢書・古今人表》的省略——趨秋按）無其名。（梁氏人表考，梁耆疑五等離朱乃楊朱字訛。謂等次時代皆相近。其實楊朱與梁惠王同時，今人表離朱在公輸般下，尚出墨子前，與吳王夫差相次，決非楊朱字訛可知。）則又烏見其為盈天下者？……果使其言盈天下，……其文字言說，何至放失而無存，不又可疑之甚耶？」殊不知梁耆所疑不錯，〈人表〉中楊朱的位置「尚出墨子前」不是剛好符合「楊、墨」的次序嗎？倘若要模仿《世說新語・文學》「司馬太傅問謝車騎：『惠子其書五車，何以無一言入玄？』謝曰：『故

當是其妙處不傳」」幽錢大師一默,我們可以說楊朱的書先是暢銷一時,後被信奉孟子學說的新聞出版署大舉查禁了。

　　玩笑歸玩笑,楊朱畢竟比惠施幸運得多,因為惠施不但沒有傳人,最後連僅存的一卷著述也散失了(《漢書・藝文志》名家部分有「《惠子》一篇。名施,與莊子並時」,《隋書》、新舊《唐書》以下各《志》均不著錄,說明亡佚已久),而楊朱的主要思想成果則較為完整地保存在了《列子》之〈力命〉、〈達生〉(後因與《莊子》的篇名相同,被整理者改題為《楊朱》)等篇內。

　　柳宗元說「其〈楊朱〉、〈力命〉疑其楊子書」,黃震說列子「其學全類楊朱,故其書有〈楊朱〉篇,凡楊朱之言論備焉」,宋濂說「至於〈楊朱〉、〈力命〉則『為我』之意多,疑即古楊朱書,其未亡者剿附於此」,鈕樹玉說「孟子闢楊、墨,今墨書尚有,而楊朱之說僅見於此書,故博稽者不廢覽觀」,陳三立說「篇中數稱楊朱。既為〈楊朱篇〉,又始終一趣,不殊楊朱貴身任生之旨,其諸楊朱之徒為之歟?世言戰國衰滅,楊與墨俱絕;然以觀漢世所稱道家楊王孫之倫,皆厚自奉養,魏晉清談興,益務藐天下,遺萬物,適己自恣,偷一身之便,一用楊朱之術之效也」,諸如此類都認為楊朱既有學說傳世,也有後人繼承發揚之。

　　至於顧實《漢書藝文志講疏》根據前引《淮南子》「兼愛,尚賢,右鬼,非命,墨子之所立也,而楊子非之。全性保真,不以物累形,楊子之所立也」云云推論出「以《墨子・兼愛、尚賢》諸篇目例之,必〈全性〉、〈保真〉皆楊朱書篇名。本志不載楊朱書,而淮南猶及見之」,似乎就有點牽強羅織了。《藝文志》道家部分著錄了「《列子》八篇」,其中已經包括了楊子之書《楊朱》,正如《管子》裏保存了田駢、慎到學派的遺著一

樣，所以《藝文志》沒再單獨列出「《楊子》一篇」，以致於會讓錢穆等人作出「《漢志》無其書」的錯誤判斷。

　　當有人（顧實就是其中之一）懷疑《楊朱》等篇出自《列子》的第一個注解者、東晉光祿勳張湛的臆造之際，我們可援引劉汝霖《周秦諸子考》的話來答覆：

　　　後人以《列子》書由張湛保存下來，就疑心此書是張湛偽
　　　造。我看〈仲尼篇〉「孤犢未嘗有母」句下注道：「未詳
　　　此義。」〈楊朱篇〉晏平仲問養生於夷吾條下注道：「管
　　　仲功名人，可相齊致霸，動因成謀，任運之道既非所宜，
　　　於事勢不容此言。又上篇複能勸桓公適終北之國，恐此皆
　　　寓言也。」此書若是張湛偽造，他竟寫出自己都不能明白
　　　的話，又寫出與事實不合的事情而加以解釋，這種騙人的
　　　伎倆，未免太笨了。〈楊朱篇〉末尾載：老子曰：「名者
　　　實之賓，」這本是《莊子・逍遙遊》的話卻錯加在老子身
　　　上。老莊的書，本是魏晉人日常讀的，若是魏晉人作偽
　　　書，斷不至有這樣錯誤。

四

　　澄清事實之後，我們來讀讀《列子》中關於楊朱的事蹟和言論，看看這個道家第一位大師的廬山真面目。
　　〈黃帝〉篇記載——

　　　楊朱南之沛，老聃西遊於秦，邀於郊，至梁而遇老子。
　　　老子中道仰天而歎曰：「始以汝為可教，今不可教也。」

楊朱不答。至舍，進涫漱巾櫛，脫屨戶外，膝行而前曰：
「向者夫子仰天而歎曰：『始以汝為可教，今不可教。』
弟子欲請夫子辭，行不閒，是以不敢。今夫子閒矣，請問
其過。」

老子曰：「而睢睢而盱盱，而誰與居？大白若辱，盛德若
不足。」

楊朱戁然變容曰：「敬聞命矣！」

其往也，舍者迎將家，公執席，妻執巾櫛；舍者避席，煬
者避灶。其反也，舍者與之爭席矣。

楊朱過宋東之於逆旅。逆旅人有妾二人，其一人美，其一
人惡；惡者貴，而美者賤。

楊子問其故。

逆旅小子對曰：「其美者自美，吾不知其美也；其惡者自
惡，吾不知其惡也。」

楊子曰：「弟子記之！行賢而去自賢之行，安往而不愛哉？」

（楊朱向南去沛地，老聘往西遊秦地。楊朱抄小路走，到梁
地就遇見了老子。

老子站在路中間仰天而歎：「最初以為你孺子可教，今天看
來是不行了！」

楊朱默不作聲。到了旅館，楊朱端熱水服侍老子洗漱完畢，
將鞋子脫下放在門外，跪著移到老子跟前，說：「剛才先生仰天
而歎：『最初以為你孺子可教，今天看來是不行了！』學生本想
請老師解釋，但行走無暇，所以不敢。現在先生有空了，請問我
哪裡錯了？」

老子說：「你態度放任、眼光高傲，誰願與你共處？白到極點就像是黑的，充滿的德好似不足。」

楊朱突然臉色大變，說：「謹聽您的教誨！」

他到了沛地，旅館的客人歡迎他進住自己的房間，主人為他鋪設座席，老闆娘為他遞毛巾和梳子，有的人讓坐，有的人讓他烤火。等到他從沛地返回，客人們竟然敢跟他搶席位了。

楊朱途經宋國，住進東邊的一家旅館。旅館主人有兩個小老婆，其中一個漂亮，其中一個醜陋，醜陋的地位高貴，而漂亮的低賤。

楊朱就問其中的緣故。

主人回答道：「漂亮的自以為漂亮，我卻不覺得；醜陋的自以為醜陋，我也不覺得。」

於是，楊朱就對弟子們說：「施行賢德而拋棄自以為賢的心理，到哪裡又不受人愛戴呢？」）

這兩個故事後被《莊子‧寓言、山木》承襲而略有改動——

> 陽子居南之沛，老聃西遊於秦，邀於郊，至於梁而遇老子。
> 老子中道仰天而歎曰：「始以汝為可教，今不可也。」
> 陽子居不答。至舍，進盥漱巾櫛，脫屨戶外，膝行而前曰：「向者弟子欲請夫子，夫子行不閒，是以不敢。今閒矣，請問其過。」
> 老子曰：「而睢睢盱盱，而誰與居？大白若辱，盛德若不足。」
> 陽子居蹴然變容曰：「敬聞命矣！」其往也，舍者迎將其家，公執席，妻執巾櫛，舍者避席，煬者避灶。其反也，舍者與之爭席矣。

陽子之宋，宿於逆旅。逆旅人有妾二人，其一人美，其一
人惡，惡者貴而美者賤。陽子問其故。

逆旅小子對曰：「其美者自美，吾不知其美也；其惡者自
惡，吾不知其惡也。」

陽子曰：「弟子記之！行賢而去自賢之行，安往而不愛哉？」

「楊朱過宋」一段還被《韓子·說林》上徵引過，而文句亦
有差異——

楊子過於宋東之逆旅，有妾二人，其惡者貴，美者賤。

楊子問其故。

逆旅之父答曰：「美者自美，吾不知其美也；惡者自惡，
吾不知其惡也。」

楊子謂弟子曰：「行賢而去自賢之心，焉往而不美？」

「楊」、「陽」相通，「朱」緩讀即為「子居」，所以陽
子居就是楊朱的異寫，並非陸德明所謂「陽子居姓楊名朱字子
居」。《列子》稱「楊朱」，《孟子》亦然；《莊子》則稱「陽
子」，《呂氏春秋·審分覽》則稱「陽生」。看來，前兩書年代
相隔不遠，應該在前；後兩者也相隔很近，但時間在後。

「楊朱之沛」云云又見《莊子·寓言》，涉及到一個古代禮
節，值得一提。在該故事之中，〈黃帝〉和〈寓言〉兩篇都特寫
了楊朱的一連串動作。前者描述道：

至舍，進涫漱巾櫛，脫屨戶外，膝行而前……

　　「履」當從唐人殷敬順與宋人陳景元所補之釋文「履本作屦」改成「屦」,因為段玉裁注《說文解字》引晉蔡謨曰:「今時所謂履者,自漢以前皆名屦:《左傳》『踊貴屦賤』,不言履賤;《禮記》『戶外有二屦』,不言二履。」後者寫作:

> 至舍,進盥漱巾櫛,脫屦戶外,膝行而前……

　　成玄英疏曰:「屆逆旅之舍,至止息之所,於是進水漱灑,執持巾櫛,肘行膝步,盡禮虔恭,殷勤請益,庶蒙針艾也。」解釋得很對,但似乎跟現代注家一樣也忽視了「脫屦戶外」所暗示的深意。這句話並非蛇足,而是龍睛,我們看了孔穎達對《禮記・曲禮》上「戶外有二屦」所作的疏就會明白——

> 此一節明謂室有兩人,故戶外有二屦。此謂兩人體敵,故二屦在外。知者以《鄉飲酒》無等爵,賓主皆降,脫屦於堂下,以體敵故也。若尊卑不同,則長者一人脫屦於戶內,故《少儀》云「排闔脫屦於戶內者一人而已矣」是也。

　　《列子》、《莊子》之文顯然是說楊朱尊事老聃,所以他要脫屦於戶外。而言外之意,老聃是長者,可以脫屦於戶內。這些細節告訴我們,古人都很講禮,並非只為儒家一家所獨自遵行,好比諸子百家均要研讀《六經》(《詩》、《書》、《禮》、《樂》、《易》、《春秋》)。現代常說「尊老(愛幼)是中華民族的傳統美德」,一點也不誇張。

　　《列子》、《莊子》的「楊朱過宋」情節中的某些關鍵語皆當據《韓子》之文改正,例如「楊朱過宋東之於逆旅」《韓子》

作「楊子過於宋東之逆旅」,「逆旅小子」《韓子》作「逆旅之父」
(與《黃帝》的「逆旅人」同指逆旅主人),「楊子曰弟子記之」
《韓子》作「楊子謂弟子曰」,「行賢而去自賢之行」《韓子》
作「行賢而去自賢之心」,顯然《韓子》於義為長。

通行本《老子》第二章說「天下皆知美之為美,斯惡已」,
反之,「其美者自美,吾不知其美也;其惡者自惡,吾不知其惡
也」就是值得讚賞的,所以楊朱要弟子記取之。由此亦可見楊朱
確屬道家者流,而且和列子列禦寇都是先秦學界聞人,《莊子‧
天下》卻均不提及,但這並不能反證兩者乃虛構的寓言人物,而
是因他倆皆為「關尹、老聃」學說的信奉者(楊呼老為「夫子」
而自稱「弟子」)或闡釋者(從某種程度上說,《韓子》之《解
老》、《喻老》的作者韓非亦然),故莊周只舉關、老二人以概
括其餘。

我們再來看看彬彬有禮的楊朱怎樣對待他的朋友。

〈仲尼〉篇記載:

季梁之死,楊朱望其門而歌。隨梧之死,楊朱撫其屍而哭。

隨梧的事蹟不詳,應該也是楊朱之友。春秋末魏國人季梁則
有一段特殊經歷見於〈力命〉篇:

可以生而生,天福也;可以死而死,天福也。可以生而不
生,天罰也;可以死而不死,天罰也。可以生,可以死,
得生得死,有矣;不可以生,不可以死,或死或生,有
矣。然而生生死死,非物非我,皆命也,智之所無奈何。
故曰:窈然無際,天道自會;漠然無分,天道自運。天地

不能犯，聖智不能幹，鬼魅不能欺。自然者，默之成之，
平之寧之，將之迎之。

楊朱之友曰季梁。季梁得病，七日大漸。其子環而泣之，
請醫。

季梁謂楊朱曰：「吾子不肖如此之甚，汝奚不為我歌以曉之？」

楊朱歌曰：

　　天其弗識，

　　人胡能覺？

　　匪祐自天，

　　弗孽由人。

　　我乎汝乎，

　　其弗知乎！

　　醫乎巫乎，

　　其知之乎？

其子弗曉，終謁三醫。一曰矯氏，二曰俞氏，三曰盧氏，
診其所疾。

矯氏謂季梁曰：「汝寒溫不節，虛實失度，病由饑飽色
欲。精慮煩散，非天非鬼，雖漸，可攻也。」

季梁曰：「眾醫也，亟屏之！」

俞氏曰：「女始則胎氣不足，乳湩有餘。病非一朝一夕之
故，其所由來漸矣，弗可已也。」

季梁曰：「良醫也，且食之！」

盧氏曰：「汝疾不由天，亦不由人，亦不由鬼。稟生受形，
既有制之者矣，亦有知之者矣，藥石其如汝何？」

季梁曰：「神醫也，重貺遣之！」

俄而季梁之疾自瘳。

　　楊朱和季梁無疑是知心朋友，而且他倆都相信「可以死而死，天福也」，所以當季梁病重不願就醫之際要託楊朱用歌聲來告訴他的兒子們「生生死死，非物非我，皆命也，智之所無奈何」，這也是季梁的心聲。

　　然而太有孝心的兒子們卻不吃這一套，一下就請了三位醫生來為其父看病。聽了他們的診斷之後，季梁將其分別鑑定為「眾醫」（普通醫生）、「良醫」、「神醫」，並給予了不同的待遇。最後竟然不醫而愈，只因那個神醫說出了和季、楊二人相同的觀點：「疾病的形成不由天，也不由人，也不由鬼。出生、定形、死亡都為自然法則所掌控，又豈是藥物、針石所能干預的呢？」準確地說，這個「制之者」兼「知之者」就是「道」，有時侯可以勉強翻譯成「自然法則」。

　　也許按照孟子和現代人的思維，那個「眾醫」矯氏才是真正的神醫。然而這種逆差恰好是「孟氏之儒」（《韓子・顯學》語）與道家楊派在生死學說上的衝突，我們不能不加具體分析就將「諱疾忌醫」之類的標籤強加在季梁或楊朱的身上。

　　楊朱顯然是個性情中人，對於朋友的死或歌或哭，用不盡相同的方法表達了真摯不二的悼念之情。《荀子・王霸》還寫道「楊朱哭衢塗，曰：『此夫過舉蹞步而覺跌千里者夫！』哀哭之」，《淮南子・說林》則云「楊子見逵路而哭之，為其可以南、可以北」（《呂氏春秋》作「墨子見歧道而哭之」，《太平御覽》作「楊朱見歧路而哭之」），《論衡・藝增》則云「楊子哭於歧道，蓋傷失本、悲離其實也」，這又有點像是詩人氣質了。

　　衢塗、逵路、歧道、歧路都是一個涵義，大略相當於現代的文藝語言「十字路口」。然而在《列子・說符》記載的本事裏，楊朱既沒有痛哭流涕，也沒有直抒胸臆——

楊子之鄰人亡羊，既率其黨，又請楊子之豎追之。

楊子曰：「嘻！亡一羊，何追者之眾？」

鄰人曰：「多歧路。」

既反，問：「獲羊乎？」

曰：「亡之矣。」

曰：「奚亡之？」

曰：「歧路之中又有歧焉，吾不知所之，所以反也。」

楊子戚然變容，不言者移時，不笑者竟日。

門人怪之，請曰：「羊賤畜，又非夫子之有，而損言笑者何哉？」

楊子不答。

　　根據後文心都子（據說也是楊朱的門人）的闡發，楊子變容傷懷的深層原因應該是：「大道以多歧亡羊，學者以多方喪生。學非本不同、非本不一，而末異若是！唯歸同反一，為亡得喪。」這和他「全性保真」的旨意正相符合，是借「大道以多歧亡羊」來比喻學者之因多方而離真喪生，「意思就是指學者之如儒墨一樣，千方百計地致力於現社會的維護或改造，都不免是和大道因多歧而亡羊一般的，反而離真愈遠，反而喪生敗性，是多麼不值得的事」（楊榮國語）。在先秦道家的語言系統之中，「多方」無疑是一個貶義詞，另如《莊子》說「惠施多方」，與下文的「五車」（讀若「齷齪」）、「舛駁」、「不中」等沆瀣一氣，都是在批判名家學者惠子「好多而無定」（《荀子‧大略》）、「逐萬物而不反」。

五

最為集中記敘楊朱學說的是《列子‧楊朱》篇，下面選錄若干則以見一斑——

楊朱遊於魯，舍於孟氏。

孟氏問曰：「人而已矣，奚以名為？」

曰：「以名者為富。」

「既富矣，奚不已焉？」

曰：「為貴。」

「既貴矣，奚不已焉？」

曰：「為死。」

「既死矣，奚為焉？」

曰：「為子孫。」

「名奚益於子孫？」

曰：「名乃苦其身，燋其心。乘其名者，澤及宗族，利兼鄉黨；況子孫乎？」

「凡為名者必廉，廉斯貧；為名者必讓，讓斯賤。」

曰：「管仲之相齊也，君淫亦淫，君奢亦奢。志合言從，道行國霸。死之後，管氏而已。田氏之相齊也，君盈則已降，君斂則已施。民皆歸之，因有齊國；子孫享之，至今不絕。若實名貧，偽名富。」

曰：「實無名，名無實。名者，偽而已矣。昔者堯舜偽以天下讓許由、善卷，而不失天下，享祚百年。伯夷、叔齊實以孤竹君讓，而終亡其國，餓死於首陽之山。實偽之辯，如此其省也。」

楊朱曰：「百年，壽之大齊。得百年者千無一焉。設有一者，孩抱以逮昏老，幾居其半矣。夜眠之所弭，晝覺之所遺，又幾居其半矣。痛疾哀苦，亡失憂懼，又幾居其半矣。量十數年之中，逌然而自得亡介焉之慮者，亦亡一時之中爾。則人之生也奚為哉？奚樂哉？為美厚爾，為聲色爾。而美厚復不可常厭足，聲色不可常翫聞。乃復為刑賞之所禁勸，名法之所進退；遑遑爾競一時之虛譽，規死後之餘榮；偊偊爾順耳目之觀聽，惜身意之是非；徒失當年之至樂，不能自肆於一時。重囚累梏，何以異哉？太古之人知生之暫來，知死之暫往；故從心而動，不違自然所好；當身之娛非所去也，故不為名所勸。從性而遊，不逆萬物所好；死後之名非所取也，故不為刑所及。名譽先後，年命多少，非所量也。」

楊朱曰：「伯夷非亡欲，矜清之郵，以放餓死。展季非亡情，矜貞之郵，以放寡宗。清貞之誤善之若此！」

楊朱曰：「原憲窶於魯，子貢殖於衛。原憲之窶損生，子貢之殖累身。」
「然則窶亦不可，殖亦不可；其可焉在？」
曰：「可在樂生，可在逸身。故善樂生者不窶，善逸身者不殖。」
孟孫陽問楊朱曰：「有人於此，貴生愛身，以蘄不死，可乎？」
曰：「理無不死。」
「以蘄久生，可乎？」

曰：「理無久生．生非貴之所能存，身非愛之所能厚．且久生奚為？五情好惡，古猶今也；四體安危，古猶今也；世事苦樂，古猶今也；變易治亂，古猶今也。既聞之矣，既見之矣，既更之矣，百年猶厭其多，況久生之苦也乎？」

孟孫陽曰：「若然，速亡愈於久生；則踐鋒刃，入湯火，得所志矣。」

楊子曰：「不然，既生，則廢而任之，究其所欲，以俟於死。將死，則廢而任之，究其所之，以放於盡。無不廢，無不任，何遽遲速於其閒乎？」

楊朱曰：「伯成子高不以一毫利物，舍國而隱耕。大禹不以一身自利，一體偏枯。古之人損一毫利天下不與也，悉天下奉一身不取也。人人不損一毫，人人不利天下，天下治矣。」

禽子問楊朱曰：「去子體之一毛以濟一世，汝為之乎？」

楊子曰：「世固非一毛之所濟。」

禽子曰：「假濟，為之乎？」

楊子弗應。

楊朱曰：「天下之美歸之舜、禹、周、孔，天下之惡歸之桀、紂。然而舜耕於河陽，陶於雷澤，四體不得暫安，口腹不得美厚；父母之所不愛，弟妹之所不親。行年三十，不告而娶。及受堯之禪，年已長，智已衰．商鈞不才，禪位於禹，戚戚然以至於死。此天人之窮毒者也。鯀治水土，績用不就，殛諸羽山。禹纂業事讎，惟荒土功，子產

不字，過門不入；身體偏枯，手足胼胝。及受舜禪，卑宮室，美紱冕，戚戚然以至於死：此天人之憂苦者也。武王既終，成王幼弱，周公攝天子之政。邵公不悅，四國流言。居東三年，誅兄放弟，僅免其身，戚戚然以至於死：此天人之危懼者也。孔子明帝王之道，應時君之聘，伐樹於宋，削跡於衛，窮於商周，圍於陳蔡，受屈於季氏，見辱於陽虎，戚戚然以至於死：此天民之遑遽者也。凡彼四聖者，生無一日之歡，死有萬世之名。名者，固非實之所取也。雖稱之弗知，雖賞之不知，與株塊無以異矣。桀藉累世之資，居南面之尊，智足以距群下，威足以震海內；恣耳目之所娛，窮意慮之所為，熙熙然以至於死：此天民之逸蕩者也。紂亦藉累世之資，居南面之尊；威無不行，志無不從；肆情於傾宮，縱欲於長夜；不以禮義自苦，熙熙然以至於誅：此天民之放縱者也。彼二凶也，生有從欲之歡，死被愚暴之名。實者，固非名之所與也，雖毀之不知，雖稱之弗知，此與株塊奚以異矣。彼四聖雖美之所歸，苦以至終，同歸於死矣；彼二凶雖惡之所歸，樂以至終，亦同歸於死矣。」

楊朱見梁王，言治天下如運諸掌。
梁王曰：「先生有一妻一妾而不能治，三畝之園而不能芸，而言治天下如運諸掌，何也？」
對曰：「君見其牧羊者乎？百羊而群，使五尺童子荷箠而隨之，欲東而東，欲西而西。使堯牽一羊，舜荷箠而隨之，則不能前矣。且臣聞之：吞舟之魚，不遊枝流；鴻鵠高飛，不集污池。何則？其極遠也。黃鐘大呂不可從煩奏

之舞。何則？其音疏也。將治大者不治細，成大功者不成小，此之謂矣。」

楊朱曰：「生民之不得休息，為四事故：一為壽，二為名，三為位，四為貨。有此四者，畏鬼，畏人，畏威，畏刑：此謂之逆民也。可殺可活，制命在外。不逆命，何羨壽？不矜貴，何羨名？不要勢，何羨位？不貪富，何羨貨？此之謂順民也。天下無對，制命在內。故語有之曰：『人不婚宦，情欲失半；人不衣食，君臣道息。』周諺曰：『田父可坐殺』，晨出夜入，自以性之恒；啜菽茹藿，自以味之極；肌肉麤厚，筋節腃急，一朝處以柔毛綈幕，薦以梁肉蘭橘，心厭體煩，內熱生病矣。商魯之君與田父侔地，則亦不盈一時而憊矣。故野人之所安，野人之所美，謂天下無過者。昔者宋國有田夫，常衣緼黂，僅以過冬。暨春東作，自曝於日，不知天下之有廣廈隩室、綿纊狐貉，顧謂其妻曰：『負日之暄，人莫知者；以獻吾君，將有重賞。』裏之富室告之曰：『昔人有美戎菽，甘枲莖芹萍子者，對鄉豪稱之。鄉豪取而嘗之，蜇於口，慘於腹，眾哂而怨之，其人大慚。子，此類也。』」

綜上可知，楊朱擁有一妻、一妾和一個三畝大的園子，四體得以暫安，口腹可享美厚，但他並不會親自去處理妻妾之間的矛盾、去打理園子裏的生產，他認為「治大者不治細，成大功者不成小」。這種無為的生活方式直接導致楊朱產生如下的學說，其實也就是早期道家的政治哲學：「古之人損一毫利天下不與也，悉天下奉一身不取也。人人不損一毫，人人不利天下，天下治矣。」

　　這個觀點可分解成兩個層面，一面即「損一毫利天下不與也」，《孟子・盡心》上謂之「拔一毛而利天下不為也」，可用「禽子問楊朱」的故事作為例證。另一面即「悉天下奉一身不取也」，《韓子・顯學》謂之「不以天下大利易其脛一毛」，可用「伯成子高舍國而隱耕」的故事作為例證，詳見《莊子・天地》：

> 　　堯治天下，伯成子高立為諸侯。堯授舜，舜授禹，伯成子高辭為諸侯而耕。
> 　　禹往見之，則耕在野。禹趨就下風，立而問焉，曰：「昔堯治天下，吾子立為諸侯。堯授舜，舜授予，而吾子辭為諸侯而耕，敢問其故何也？」
> 　　子高曰：「昔堯治天下，不賞而民勸，不罰而民畏。今子賞罰而民且不仁，德自此衰，刑自此立，後世之亂自此始矣。夫子闔行邪？無落吾事！」俋俋乎耕而不顧。

　　（唐堯統治天下，伯成子高被立作諸侯。堯把帝位讓給了舜，舜又把帝位讓給了禹，伯成子高便辭掉諸侯之位而去從事農耕。

　　禹前往拜見，他正在田間耕種。夏禹快步上前居於下方，站著問伯成子高：「當年堯統治天下，先生立為諸侯。堯把帝位讓給了舜，舜又把帝位讓給了我，可是先生卻辭去了諸侯的職位而來從事耕作，請問這是為什麼呢？」

　　伯成子高說：「當年帝堯統治天下，不須獎勵而百姓自然勤勉，不須懲罰而人民自然敬畏。如今你施行賞罰而百姓還是不仁不愛，德行從此衰敗，刑法從此建立，後世之亂也就從此開始

了。先生何不走開呢？不要耽誤我的事情！」然後專心耕地而不
再理睬。）

<h1 style="text-align:center">六</h1>

在《道德經》、《莊子》、《呂氏春秋》等先秦文獻中都能
見到楊朱基本觀念的影子。

《呂氏春秋·孟春紀·重己》說：「今吾生之為我有，而利
我亦大矣。論其貴賤，爵為天子不足以比焉；論其輕重，富有天
下不可以易之；論其安危，一曙失之，終身不復得。此三者，有
道者之所慎也。」這段話講明瞭為什麼應當「貴生愛身」（《韓
子·顯學》謂之「輕物重生」，《呂氏春秋·審分覽·不二》謂
之「貴己」）：即使失去了天下，或許有朝一日還可以複得，但
是一旦死了，就永遠不能再活了。

《道德經》裏有些語句含有同樣的思想。例如第十三章云
「貴以身為天下，若可寄天下；愛以身為天下，若可托天下。」
這即是說：能夠珍重一己之身、愛惜一己生命的人，才能珍惜他
人的生命、尊重別人的人生，才可以放心地將天下的政治委託給
他。又如第四十四章：「名與身孰親？身與貨孰多？得與亡孰
病？」（陳鼓應《老子今注今譯》：「聲名和生命比起來哪一樣
親切？生命和貨利比起來哪一樣貴重？得到名利和喪失生命哪一
樣為害？」）也表現出輕物重生的觀念。

《莊子·養生主》一起頭就開宗明義：「為善無近名，為惡
無近刑，緣督以為經：可以保身，可以全生，可以養親，可以盡
年。」這走的仍然是楊朱的路線，所謂保身全生就是貴生愛身的
同義詞。「無」可以理解為「勿」，「緣」可以理解為「沿」，

「經」可以理解為「徑」。全句的意思是說：沿著名聲與刑罰之間的中道一路走下去，便可以保全身體和生命、供養親人、享盡天年；換言之：我們處世若要免受傷害，行為既不能太好，也不能太壞。訓督為中道，乃是一個借喻。督原指中醫學「奇經八脈」之一的督脈（起始於會陰部尾閭骨端長強之前，沿脊柱上行，至枕部下方的風府進入腦部，上達頭頂，下沿前額而至鼻柱），是人體中央之脈，《莊子》只取其中央之意。

《呂氏春秋・仲春紀・貴生》引子華子曰：「所謂尊生者，全生之謂；所謂全生者，六欲皆得其宜也。」六欲皆得其宜就是〈孟春紀・重己〉篇所謂「適欲」、〈仲夏紀・適音〉篇所謂「樂之務在於和心，和心在於行適」、楊朱所謂「美厚複不可常厭足，聲色不可常翫聞」，與「耽於嗜欲」的享樂主義是有本質區別的──「過舉蹞步而覺跌千里」。同書〈審分覽・執一〉引詹子曰：「何聞為身，不聞為國。」顯然也是楊朱思想的同調。誠如楊榮國所論：「楊朱的這一『重生』、『為我』的思想所給予當時社會的影響，雖不如孟子所宣傳之盛，說是能和墨家爭取思想界的統治地位，可是確乎是具有相當影響的。至於給予這一影響以力量的，則有兩個人：一個是子華子，另一個是詹何。他們都是楊朱思想的傳播者。」

蒙文通卻認為「楊朱貴生又分兩派」：一派以「縱情性……禽獸行」（《荀子・非十二子》）的魏牟為代表人物，一派以「忍情性……苟以分異人為高」（同上）的陳仲為代表人物。而《莊子》中的「〈駢拇〉、〈馬蹄〉、〈胠篋〉、〈在宥〉諸篇於魏牟一派為合。〈天地〉、〈天道〉、〈天運〉諸篇於陳仲一派為近。……〈達生〉、〈山木〉諸篇皆以貴生為主，置仁義而不論，雖不非孔而實遠於儒。」（《王家祐道教論稿》一《蒙文通論道

教》）許地山還說：「〈讓王〉、〈盜跖〉、〈漁父〉底內容多是承傳楊朱全性保真底見解，或者是楊朱底後學所作。」（許地山《道教史》第四章〈道家最初底派別〉）

《莊子》裏多有全性保真的見解是不足為奇的，因為楊朱、莊周等人畢竟都是道家者流，思想相近正可以證明他們同出一源、都從「居周久之，見周之衰，乃遂去」（《史記·老子韓非列傳》）的老聃那裏繼承了相同的觀念——「畢數之務在乎去害」（《呂氏春秋·季春紀·盡數》），要想享盡天年就必須趨利避害、遠離是非。但楊朱之適慾與魏牟之縱慾是有本質區別的，千萬混淆不得。

《漢志》為何不著錄《楊子》

　　孟子之時（西元前372-289年），「聖王不作，諸侯放恣，處士橫議，楊朱、墨翟之言盈天下，天下之言不歸楊則歸墨。」（《孟子·滕文公》下）然則《漢書·藝文志》為何只著錄了「《墨子》七十一篇」，而毫不提及《楊子》呢？

　　顧實曾根據《淮南子·氾論》「兼愛尚賢，右鬼非命，墨子之所立也，而楊子非之。全性保真，不以物累形，楊子之所立也」云云推論道：「以《墨子·兼愛、尚賢》諸篇目例之，必〈全性〉、〈保真〉皆楊朱書篇名。本志不載楊朱書，而淮南猶及見之。」（《漢書藝文志講疏》）

　　魯迅的解釋則是這樣的：「墨子兼愛，楊子為我。墨子當然要著書；楊子就一定不著，這才是『為我』。因為若做出書來給別人看，便變成『為人』了。」（《魏晉風度及文章與藥及酒之關係》）

　　竊以為：顧實的說法不無道理，魯迅的說法則有點像是在開玩笑。《藝文志》道家部分著錄了「《列子》八篇」，其中已經包括了楊子之書《楊朱》，正如《管子》裏保存了田駢、慎到學派的遺著一樣，所以《藝文志》沒再單獨列出「《楊子》□篇」。事實上，《墨子》裏面除了有墨子自著的作品之外，更多的則是墨子弟子以及後期墨家的記述資料。楊子既有學說傳世，《韓子·說林》上又有「楊子謂弟子曰」云云（錢穆〈楊朱考〉「先秦諸子無其徒」云云顯然是失察了），楊子及其弟子和後學

無疑也是會「做出書來給別人看」的，因為他們至少要宣揚自己「為我」的觀點，不然孟子怎能作出「楊朱、墨翟之言盈天下，天下之言不歸楊則歸墨」的判斷來呢？

老莊・黃老・隱君子

　　「老莊」一詞跟「孔孟」一樣，都是用一個創始人的簡稱加上一個集大成者的簡稱來概括他們所屬的學派，老就是老聃或老子的簡稱，莊就是莊周或莊子的簡稱，前者是先秦道家學派的創始人，後者是先秦道家學派的集大成者，「孔孟」亦然。而「仁義道德」這個成語剛好是這兩派的核心主張，從此也可窺見先秦道家和儒家對中國集體意識的深遠影響之一斑。據《老子》「道可道，非常道」、莊周〈天下〉篇（不含「惠施多方」以下各段）「天下大亂，賢聖不明，道德不一，天下多得一察焉以自好」的說法，我們常常提到的「孔孟之道」也只是古代那個「常道」（元道德）的一部分罷了，「老莊」之道亦然。

　　至於子貢之流將孔子視作「文武之道」（文指周文王，武指周武王）的傳人（例如《論語・子張》等），就像孟子自以為是禹、周公、孔子這「三聖」的繼承者（詳見《孟子・滕文公》下）一樣，只是一種自抬身價的做法。同理，道家後學常稱自己所學為「黃老道德之術」（《史記・孟子荀卿列傳》）或「黃帝老子之術」（〈陳丞相世家〉）或「黃老術」（〈曹相國世家〉）或「黃老道」（《後漢書・皇甫嵩傳》）。近有人認為「黃老」或「黃帝老子」之稱近似於《莊子》、《孟子》等之稱「楊墨」、《韓子》等之稱「楊朱墨翟」，也是將兩個不同的學派相提並論，這個看法又偏激得過正了。《魏書・釋老志》「道家之原出於老子」、徐琰〈廣寧通玄太古真人郝宗師道行碑〉「道家

者流，其源出於老莊，後之人失其本旨，派而為方術、為符籙、為燒煉、為章醮，派愈分而迷愈遠，其來久矣」云云是符合史實的，而蘇軾〈上清儲祥宮碑〉「臣謹按：道家者流本出於黃帝、老子」、馬家鉉〈洞霄宮莊田記〉「老子之道，黃帝之道也……自漢人以黃老名家，儒者病之，至於今以異端見稱」、女幾野人辛願〈大金陝州修靈虛觀記〉「謹按：道家源於黃帝、老聃，至列禦寇、莊周氏擴而大之，乃與孔子之道並立，為教於天下而不廢」、李之紹〈仙人萬壽宮重建記〉「道家者流，出黃帝老子，以清靜虛無為宗，頤神養性為事，長生久視為著效，神仙飛升為極致」、虞集〈非非子幽室志〉「漢代所謂道家之言蓋以黃老為宗、清靜無為為本，其流弊以長生不死為要，謂之金丹」云云都把時代更早、權威更大的黃帝抬了出來，彷彿是集體無意識或潛意識想把儒家所尊崇的夏禹壓在腳下。

其實老莊之道的濫觴並非出自什麼赫赫有名的帝王，而大都是一些佚名的「隱君子」。這個真相是不難被明眼人發現的，司馬遷在《史記‧老子韓非列傳》中就曾明確界定：「老子，隱君子也」，而元好問〈紫微觀記〉也認識到：「古之隱君子，學道之士為多，居山林，木食澗飲，槁項黃馘，自放於方之外，若涪翁、河上丈人之流，後世咸附之黃老家數以為列仙。」《孟子‧滕文公》下「聖王不作，諸侯放恣，處士橫議」之處士應該也包括了一部分這類學道的隱君子，如《論語》內的「荷蕢者」、「楚狂」、「荷蓧丈人」等等，他們那些有的放矢的言行業已開了先秦道家「詆訿孔子之徒」（《老子韓非列傳》，「之徒」猶言「者流」）的先河。與「隱」、「處」相反的是「出」、「仕」——《史記‧仲尼弟子列傳》載：田常欲伐魯，「孔子聞之，謂門弟子曰：「夫魯，墳墓所處、父母之國，國危如此，

二三子何為莫出？」又載：「公晳哀字季次。孔子曰：『天下無行，多為家臣、仕於都，唯季次未嘗仕。』」〈遊俠列傳〉還說：「及若季次、原憲，閭巷人也，讀書懷獨行君子之德，義不苟合當世，當世亦笑之。故季次、原憲終身空室蓬戶、褐衣疏食不厭，死而已四百餘年，而弟子志之不倦。」「鄙天下多仕於大夫家者，是故未嘗屈節人臣」的季次所行的君子之德實際上就是隱君子之德，一旦鶴立雞群，就連大肆鼓吹食祿弘道的孔子也不得不「特歎貴之」（《孔子家語・七十二弟子解》）了。

惠子是什麼家

惠子就是宋國人惠施，約生活於西元前370至310年間，與莊子為友而先死。《戰國策》、《呂氏春秋》、《韓子》等載有他的一些政治言行，我們暫不提及，只就《莊子·天下》「惠施多方，其書五車，其道舛駁，其言也不中」（以下至篇末疑即《漢書·藝文志》所記之「《惠子》一篇」，後為編《莊子》者附錄於〈天下〉之尾）諸句分析一下他是什麼家。

唐西華法師成玄英是這樣疏解其意的：「既多方術，書有五車，道理殊雜而不純，言辭雖辯而無當也。」前兩句是褒，說他不像墨、宋、彭、老、莊諸家那樣各跟一股風成為「一曲之士」，而是「泛愛萬物」，博覽群書；後兩句是貶，說他雖然很會辯論，但跟諸家一樣「往而不反，必不合」於「古之所謂道術」。

有人讀「五車」為「齟齬」說惠子所著之書前言不搭後語，有人認為「泛愛萬物」即墨家所謂「兼愛」而稱惠子為「別墨」，有人因為惠子也是以堅白論出名的就稱他為名家。我覺得這些論斷皆不妥，惠子應該是中國歷史上雜家與藏書家的鼻祖才對。他自信口才超群（「惠施之口談自以為最賢」），只和專業的辯論家作對（「特與天下之辯者為怪」），最終也得了個善辯的名聲（「卒以善辯為名」），因此他又是個出色的辯論家。然而也是因為他太有才了，加之鋒芒畢露，「說而不休」，評者才會歎道：「惠施之才駘蕩而不得，逐萬物而不反，是窮響以聲、

形與影競走也。悲夫！」換句話說就是〈養生主〉所謂：「以有涯隨無涯，殆已！」如今看來，惠子還頗具對萬事萬物刨根問底的科學精神哩。

《莊子》之三言

　　《莊子·天下》縱論先秦各家學術，其中認為莊周「以謬悠之說、荒唐之言、無端崖之辭時恣縱而不儻，不以觭見之也；以天下為沉濁，不可與莊語，以卮言為曼衍，以重言為真，以寓言為廣。……其書雖瑰瑋而連犿無傷也，其辭雖參差而諔詭可觀」不僅精煉地概況了《莊子》的語言風格，而且指出其之所以採取如此的語言來表達哲思的緣由，後世萬千評說始終跨不出這個範圍，總是饒饒不休地爭辯著三言的定義。所謂三言就是〈寓言〉篇已講到的「寓言十九，重言十七，卮言日出，和以天倪」，其定義不外乎是說：寓言占了全書十分之九的篇幅，作者主要用形象思維側面論理；剩下十分之一即重言，作者主要用抽象思維正面說法；在寓言、重言之中常有合符天道（至少是作者心目內的真理）的言論都算卮言，卮不過是形容言的大器罷了。

　　「寓言十九，重言十七」這個比例放諸〈逍遙遊〉一篇依然有效，那麼如何區劃它們的畛域呢？必須以〈寓言〉下的定義為基準：「籍外論之」者是寓言，「所以己言」者是重言。前者有：鯤鵬與蓬蒿蟲、堯讓天下（包括以下的喪天下）、肩吾問連叔、宋人資章甫、惠子謂莊子（「莊子曰」除外）；後者有：「野馬也……而今乃後將圖南」、「適莽蒼者……不亦悲乎」、「此小大之辯也……聖人無名」、莊子曰。在重言之中，「小知不及大知，小年不及大年」和「至人無己，神人無功，聖人無名」即卮言，它們又無形有意地蘊藏在寓言裏，正所謂「何適而無有道耶」！

　　「寓言十九」拿司馬遷的話來講，就是「大抵率寓言也」，寓言即以此言寓彼言、用他辭寄我意，其手法大致屬於形象思維（形象一詞的精確內涵應當是通過視覺感受到的空間三維圖像資訊，色彩感受也可勉強包括在內。前輩曾取「形象觀念」或「感性表像」等概念代替「形象」去表達這種思維的基本元素，此處姑且從俗）的範疇，劉大櫆稱作「即物以明理」。寓言的運用實在是諸子散文的共性之一，常有「諷喻」的效果，然而在《莊子》中的密度最高；最初只能算「譬喻」的附庸，到《莊子》裏面已經嬗變為泱泱大國了。從某種角度看，《莊子》的作者被稱作世界寓言藝術宗師也將是當仁不讓的。《莊子》寓言對中國文學最大的貢獻大概是它塑造了大批真、假、真假莫辨的藝術形象，自始至終教人鮮活地感受到一個起居時於學無所不窺，思考時心如泉湧、意似飆舉，寫作時上下求索、左右逢源的莊周。基於此，我們可以說量質兼優的藝術形象均為莊周人格的完成服務，它們之間的關係好比眾星捧月、鶴立雞群。就拿本篇事實旁證吧，惠、莊對話直接描狀莊周，前文的接輿跟連叔簡直又是其化身。特別是接輿，他有楚狂人之號，而莊周也可算楚人（樂史、朱熹、蘇軾、王安石等皆執此說），接輿之言搞不定是作者在夫子自道哩。況且在被《莊子》抨擊過的先秦各家眼裏，莊周又何嘗不像一位狂人呢？至於《莊子》寓言對漢語辭彙的添磚加瓦之功那還在其次，從中脫胎的熟語有很多至今仍活躍在日常的書面口碑之上，如〈逍遙遊〉的扶搖直上、鷃雀焉知鯤鵬之志、鵬程萬里、名為實賓、鷦鷯巢林一枝、越俎代庖、大而不當、大相徑庭、不近人情、肌膚若冰雪、吸風飲露、跳樑等等，使讀者如行山陰道上，美不勝收，目不暇給。

重言之所以重，因為它是作者自己現身說法，幾乎占了常規議論文內容的全部。需要特別注意的是，重言裏面作者喜歡不憚其煩地運用連類喻義或稱博依繁喻的手法，正如羅璧《識遺》所歎：

> 文章一事數喻為難，獨《莊子》百變不窮。

他或者也把寓言囊括在內了，我們暫且忽略不計。在論說文中，譬喻「也常常是必要的，它可以更好地表達我們的感覺並且使真理增加風致」（拉·梅特里《人是機器》）。以本篇第一節重言為例，作者便連用朝菌不知晦朔、蟪蛄不知春秋、楚靈以五百歲為春、大椿以八千歲為秋、眾人與彭祖匹壽五個比喻闡明了「小年不及大年」這一點。如果缺乏這樣多方全面地舉例明道，讀者難免會囿於一喻而生執著。這種語言藝術手法遙承《毛詩》而來，直接或間接地影響到《焦氏易林》、《二十四詩品》、李賀、李商隱、蘇軾等作家作品。

所謂「以卮言為曼衍」頗費理解，必須不斷地琢磨。筆者認為卮言既然是作品的主旨，就大都有概念式的語句可供摘選或提煉，如「至人無己」。最關鍵它還作為紅線貫穿於全篇甚至全書，只不過經常有意可揣、無形可視，所以取卮酒曼衍的狀態去象徵它是再恰當沒有的了。卮言大概就是〈齊物論〉的「大言」，並非今日所說的大話，它與重言剛好搭成一對絕配：重講份量，卮講容量。倘若稱重言為鼎言，那將會更合拍。

《莊子》之三家

　　〈逍遙遊〉開篇即用蜩、鳩鳩、斥鴳的醜態來諷刺「知效一官，行比一鄉，德合一君，而（能）徵一國」的儒、墨。墨翟曾說：

> 凡入國，必擇務而從事焉：國家昏亂，則語之尚賢、尚同；國家貧，則語之節用、節葬；國家憙音湛湎，則語之非樂、非命；國家淫僻無禮，則語之尊天、事鬼；國家務奪侵凌，則語之兼愛、非攻。

　　真可謂「而徵一國」、無以復加了，對「治國、平天下」的儒家也未遑多讓，然而《莊子》作者仍要借「不累於俗，不飾於物，不苟於人，不忮於眾」的宋榮子（宋鈃）去嘲笑他們，因為「彼其於世」所好的功名利祿太「數數然」了，所謂「以繩墨自矯而備世之急」、「其生也勤」、「窮則獨善其身，達則兼濟天下」，這樣必然「有所待」，休想臻於「逍遙遊」的人生理想境界。

　　本篇塑造的堯是儒家歷來崇拜的帝王之一，他的治國在《莊子》作者眼內只是為了追求功利，一旦讓天下又不免有爭名的嫌疑，所以〈逍遙遊〉推出道家的前身——隱者許由來批判他，甚至勸化他。最後在汾水北面的藐姑射山上，許由終於配合師父、師爺以及師祖教誨開導堯「窅然喪其天下焉」，並且願被收納為門下弟子（參考〈天地〉篇）。如此這般，已無形中替汲汲入世的儒家

指引了一條退路。曾經唱〈鳳歌〉笑孔丘的接輿更是儒家的冤家對頭，所以肩吾才會「驚怖其言」，說它「大而無當」、「不近人情」。肩吾多麼像一位「不語怪、力、亂、神」的聖人（與〈逍遙遊〉「聖人」同名異實，《莊子》一書也常有這種情況）門徒呀！連叔或許也是作者的替身，擔著抨擊儒家的責任與罪名。

有的專家覺得《逍遙遊》末尾惠、莊的一番對白是宣揚莊周所謂的無用之用，而跟墨家「志功」觀（一種極狹隘的實用主義，韓非將其發揮到極至）抗衡。這話不完全，因為惠、莊是諍友，《莊子》中的惠子應比較接近歷史人物，而非構虛造假，況且他「多方」、「其道舛駁」，又為啥不能有「大而無用」之類的談吐呢？我們與其強行將惠施摁入名家或別墨的框子中，不如冠之以辯者或雜家來得準確。另外，肩吾認為接輿之言「大而無當，往而不返」也可說是〈天下〉篇評論「惠施之才駘蕩而不得，逐萬物而不反」的前奏。

〈逍遙遊〉除了曲折地剽剟詆訾了先秦顯學和惠施之外，還在文字上對《列子》有所承襲，在思想上對《管子》以及彭蒙、田駢、慎到的學說有所贊成。先讓我們僅把《列子·湯問》和消遙遊的湯之問棘（革）作一比較：

> 革曰：「……終發北之北有溟海者，天池也。有魚焉，其廣數千里，其長稱焉，其名為鯤。有鳥焉，其名為鵬，翼若垂天之雲，其體稱焉。」
>
> （棘曰：）「窮發之北有冥海者，天池也。有魚焉，其廣數千里，未知其修者，其名為鯤。有鳥焉，其名為鵬，背若太山，翼若垂天之雲，摶扶搖羊角而上者九萬里，絕雲氣，負青天，然後圖南，且適南冥也。」

前者若用柳宗元〈辯列子〉的話來評價，即：

　　其文辭類《莊子》，而尤質厚，少為作。

若用宋濂〈諸子辨〉的話來評價，則是：

　　若書事簡勁宏妙，則似勝於周。

　　湯用彤「按《列子》固非先秦原書，然必就舊文補綴成篇」，李約瑟也認為「《列子》一書的部分內容很可能早於西元前400年」，必定保存了一些先於《莊子》的原始資料，以上這段便是其中之一。下文緊接著說「世豈知有此物哉？大禹行而見之，伯益知而名之，夷堅聞而志之」，可見鯤鵬傳說原載古本《山海經》，被《列子》暗引後，《莊子》又引而申之。

　　前輩曾經指出《楚辭·遠遊》中的思想是從《管子·內業》等篇發展而來的，如「奇傅說之托辰星兮／羨韓眾之得一／形穆穆以浸遠兮／離人群而遁逸／因氣變而遂曾舉兮／忽神奔而鬼怪／時彷彿以遙見兮／精皎皎以往來」之類正是後者精氣（有人認為即〈九歌〉之清氣，有人認為是Ether）說在想像中的具體應用。傅說「托辰星」上升遠遊，〈內業〉則說「凡物之精，此則為生，下生五穀，上為列星」，認為天上之星也是「精氣」。韓眾「得一」上升遠遊，「一」也即「精氣」。〈遠遊〉所謂「氣變」就是〈逍遙遊〉的「六氣之辯」，〈逍遙遊〉所謂「天地之正」就是〈遠遊〉的「一」，「遠遊」就是「以遊無窮」。

　　〈逍遙遊〉把小狸狌同大斄牛相提並論，其實就是〈秋水〉篇「騏驥、驊騮一日而馳千里，捕鼠不如狸狌，言殊技也」的用

意，講的道理與彭蒙、田駢、慎到的觀點「萬物皆有所可，有所不可」如出一轍。

《莊子》之三無

　　關於《莊子》哲學的歷史根源，有人不僅歸之於《黃帝內經》、《老子》、《列子》（如逍遙遊贊列禦寇未數數然致福即〈天下〉贊老聃「人皆求福，己獨曲全」之意），而且認為它對楊朱、惠施等人的思想也有所繼承和發揮。這些暫不討論。

　　〈逍遙遊〉之作者首先用蜩、鷽鳩、斥鴳的自以為是影射「自以為最賢」的惠施，甚至提出「無己」來對抗它，「無己」即「喪我」、「有人之形，無人之情」、「人貌而天行」，顯然是對慎到「去己」說的繼承，許由批駁堯帝不正是「謑髁無任而笑天下之尚賢也，縱脫無行而非天下之大聖」的生動寫照，同時還打擊了儒、墨（儒家的尚賢是相對的、有例外的，墨家的尚賢是絕對的、無例外的）嗎？「無己」既是對儒家「克己」的反動，又似在與楊朱的「為我」、「貴己」暗暗較勁。倘若不能做到「無己」，就退求其次——「無功」、「無名」，至少可以「不累於俗」，這點跟宋鈃、尹文學派極為相近。孔子喜歡表功，儒家也有立功的人生價值觀，墨家認為功是「利民」的，應「不待時」地進行，《莊子》則以「無功」大唱反調。儒家講究「正名」、「疾沒世而名不稱」，惠施「以反人之實而欲以勝人為名」，〈逍遙遊〉則提倡「無名」。

　　一個觀點的形成絕非哲學家偶然的心血來潮，它必定與他平時的理論修為、社會實踐以及環境的影響有著千絲萬縷的瓜葛。莊子主張「三無」主義，完全契合他歷來就敝屣富貴、糞土利祿

的隱士思想，我們只須引出〈秋水〉、〈列禦寇〉中莊子兩次拒
不應聘的記載即可窺見其端倪：

> 莊子釣於濮水，楚王使大夫二人往先焉，曰：「願以境內
> 累矣。」
> 莊子持竿不顧，曰：「吾聞楚有神龜，死已三千歲矣，王
> 巾笥而藏之廟堂之上。此龜者，寧其死為留骨而貴乎？寧
> 其生而曳尾於塗中乎？」
> 二大夫曰：「寧生而曳尾塗中。」
> 莊子曰：「往矣，吾將曳尾於塗中。」
> 或聘於莊子。
> 莊子應其使曰：「子見犧牛乎？衣以文繡，食以芻叔，及
> 其牽而入於大廟，雖欲為孤犢，其可得乎？」

　　如果莊子確曾作過漆園吏，那麼以上的事實當發生在他解
甲歸田之後。研究者往往據此斷定《莊子》的立場代表了沒落的
奴隸主階級：其中半是輓歌，半是謗文；半是過去的回音，半是
未來的恫嚇。然而在那個「天下大亂，賢聖不明，道德不一」、
「沉濁不可與莊語」的急劇變革的時代，文章宣揚放任自由、擺
脫羈絆、超脫人世，對戰國中葉禁錮思想的封建倫理說教有某種
沖決羅網、解脫桎梏的作用，也是不容全盤否定的。

　　《莊子》極力鼓吹「至人」，體現了道家最高的道德規範和
處世標準，和尼采崇拜的「超人」含義相當，反映出唯心主義的
歷史觀，大概也因此莊周才博得了「東方尼采」的綽號。在〈逍
遙遊〉看來，「至人無己」的前提只是道家典型的社會觀──
「無為」（《理惑論》以「無為」譯「涅槃」，雖是佛教在迎合

中國文化，但對我們理解「無為」也有一定啟迪作用，莊周的標榜「無為」很像龍樹的揭櫫「世間與涅槃，無有少分別」），通觀《莊子》全書，「無為」與「無己」就是其學派政治主張和生活旨趣的高度濃縮，也是「體道」（〈逍遙遊〉提到「物無害者」，暗含〈秋水〉「知道者必達於理，達於理者必明於權，明於權者不以物害己」的意思，雖沒有點明「道」，卻有「道」的近義詞──「天地之正」）過程中比「坐忘」、「心齋」更抽象的有宗教傾向的行為，所謂「乘天地之正，而御六氣之辯，以遊無窮」、「乘雲氣，御飛龍，而游乎四海之外」、「將旁礴萬物以為一」、「於無何有之鄉、廣莫之野，彷徨乎無為其側，逍遙乎寢臥其下」即「道」作為一種精神「淨界」（姑且借用大乘佛教的術語，非但丁《神曲》之「purgotorio」）時的基本特徵。總之，莊周學派才是名符其實的逍遙學派，而非亞里斯多德之流可與倫比。

　　至於莊派哲學思想主要傾向是否為主觀唯心主義或客觀唯心主義，必須對《莊子》作整體全局的把握，〈逍遙遊〉只是造成這種傾向的部件之一，這好比分析莊派文學創作方法的主要傾向是消極浪漫主義（茅盾把消極浪漫主義歸入反現實主義是值得商榷的），美學風格的主要傾向是壯美（或稱崇高、雄偉、陽剛）一樣。通過跑馬賞花似的評說，我們或者可以套用美國黑山派詩歌理論的名言下一斷語：〈逍遙遊〉之形式是〈逍遙遊〉之內容的延伸。除此之外，至少還有一點不算新穎的啟示得到重溫：要掌握莊派在哲學與文學上的創造發明，應該打破內篇、外篇、雜篇的成見，以〈逍遙遊〉為切入點或主幹，向《莊子》全書作宏觀以及微觀的研讀，別再斤斤計較於篇目的真偽，那樣對理解其內容並無多大意義。

〈逍遙遊〉神話學舉例

　　黑格爾指出：「如果哲學家運用神話，那大半由於他先有了思想，然後才尋求形象以表達思想。」在這種表達的同時自然伴隨著文學創作活動，結果，除去哲理外衣，被徵用的神話往往已失其本來面目，或改易，或轉化，甚至於銷歇。當然，哲學家和文學家只是神話眾多的傳播者之一，他們通常選擇文字作為大眾媒介。所以，在扭曲神話真相的負面影響之外，學者也能借助他們的著作去研究神話的演變，這樣得來的素材在一定程度上比口耳相傳的原始，比音樂、舞蹈、美術傳達的具體，因此成了神話學探討的主要對象。《莊子》開篇的鯤鵬之變就是一個很好的例子，我們不妨也談談自己的意見。

　　由於對旁證資料的視而不見，導致許多著名專家誤解鯤為鯨、鵬為鳳，其中以袁珂為集大成者。他先生還始終堅信：鯤鵬之變是禺京由海神變作風神的經過，雖被《莊子》表現為寓言，實乃一段古老的神話。在內證及外證的比較下，我們不僅不敢苟同盲從，而且要試圖推翻這個假邏輯，最好的辦法就是拿事實說話，既簡單又明白。

　　先來看內證，一條來自〈逍遙遊〉本身（甲），託名於棘；一條是《藝文類聚》跟《太平御覽》所引的《莊子》逸文（乙），託名於老子：

（甲）窮發之北有冥海者，天池也。有魚焉，其廣數千里，未有知其修者，其名為鯤。

有鳥焉，其名為鵬，背若太山，翼若垂天之雲，摶扶搖羊角而上者九萬里，絕雲氣，負青天，然後圖南，且適南冥也。

（乙）南方有鳥，其名為鳳，所居積石千里；天為生食，其樹名瓊枝，高百仞，以璆琳、琅玕為實；天又為生離珠，一人三頭，遞臥遞起以伺琅玕。鳳鳥之文——戴「聖」、嬰「仁」、右「智」、左「賢」。

再來看外證，一條來自《列子・湯問》（丙），託名於革；一條來自《拾遺記》（丁）：

（丙）終發北之北有溟海者，天池也。有魚焉，其廣數千里，其長稱焉，其名為鯤。有鳥焉，其名為鵬，翼若垂天之雲，其體稱焉。

（丁）黑鯤魚千尺，如鯨，常飛往南海。或死，骨肉皆消，唯膽如石上仙樂（卵）也。

乙和丁兩條輕易地便闡明了鯤、鯨、鵬、鳳是四種動物（虛實暫且不論。參觀郭慶藩《莊子集釋・逍遙游》引陸德明「釋文」「崔音鳳，云：鵬即古鳳字，非來儀之鳳也」及《流沙河短文・莊子發揮二十三題・鵬飛也不逍遙》「《說文解字》認為鵬就是鳳，其言曰：『鳳，神鳥也。』處於東方君子之國，翱翔四海之外，過昆侖，飲砥柱，濯羽弱水，暮宿風穴。』可知鳳是東國飛西山，而鵬是北冥飛南冥，各不相同。何況『鵬之背不知其幾千里也』，軀體比鳳大億億倍，哪能是文縐縐的鳳呢」），

甲和丙根本沒有鯤「化而為鳥」的痕跡。蜩、鳴鳩、斥鴳能開口說話當然是《莊子》在繼承《詩》中禽言詩的寫法的基礎上大膽的再創新（Beast Fable），鵬程萬里也可以講有《諧》之類的根據，但鯤化鵬恐怕就不好斷定是不是舊說了。我個人認為不是，〈逍遙遊〉開頭之所以有那些誇張與變化的描述，完全是作者故意為了追求敘事的完整、形象的獨特，以便於讀者順利進入下文的哲理思辨（暫不論《莊子》的某些哲學觀念與神話所體現的原始哲學觀念具有明顯的淵源關係和某些一致性）。

雖然鯨不是鯤，但或許是鯤在現實中的原型（興許還有飛魚，如《呂氏春秋》「雚水之魚名曰鯩，其狀若鯉而有翼，常從西海夜飛游於東海」之類）之一，誠如武林道隱在給張岱《西湖夢尋》寫的序言內所云：

> 齊《諧》志怪，勿得盡以寓言忽之。昔有人渡海，飛來一物，大如風帆，以篙擊之，是一蝶翅，稱之重八十餘斤（參看張岱《夜航船》卷十七《四靈部・蟲豸》「鳳子」條：「《異物志》：昔有人渡海，見一物如蒲帆，將到舟，競以篙擊之，視之，乃蝴蝶也。海人去其翅足，秤肉得八十斤，啖之，極肥美。」），則天壤間實有是境、實有是物。

趙汝適《諸蕃志》就稱：

> （非洲）昆侖層期國在西南海上，連接大海島，常有大鵬飛蔽日移晷，有駱駝，大鵬遇則吞之。或拾鵬翅，截其管可作水桶。

　　自然界不一定實有鵬這種龐然大物，卻總可以在「存在」中找到「模特兒」，例如化石記錄的蜻蜓翼展長達一點五米，為現代的十五倍；或許正像長白山天池發現的怪獸原來是一群蛾子一樣，鵬也由什麼昆蟲密集而成。這既印證了亞里斯多德的主張「古代神話都是些帶來真理之虛誕的記事」，又體現了高爾基的論斷「神話的創造就其基礎講來是現實主義的」。有一部分人注釋鯤、鵬為傳說中的大魚、大鳥，是比較審慎的。

　　以上考證的重點並不在於鯤、鵬神話，而只是筆者發表感慨前的一個楔子，正像〈逍遙遊〉開頭的用意一樣。我見怪不多，所以非常驚訝，就連袁珂這種中國神話學的拓荒者竟然也會為了證成自己的臆斷，把至關緊要的論據當作顯示淵博的注腳「日用而不知」其深刻內涵，讓人不得不承認：在現代這個被數位式電子傳播佔領的時空內不厭煩地宣傳常識並非幼稚，反倒恰似科普工作一般值得大力提倡，而知識盲點的產生也不完全導源於興趣的好惡，它同學風的不夠端正也有干係。

〈逍遙遊〉自然科學鉤沉

　　司馬遷評價莊周「於學無所不窺」，多半還是根據《莊子》一書作出的推斷。《莊子》雖是先秦古籍，內、外、雜三大部分卻幾乎篇篇都閃爍著自然科學的光芒，理所當然，它們也就具有世界一切古代自然科學的特點：內容上主要是屬於現象的描敘和經驗的總結，研究方法主要是依靠感覺直觀與猜測思辨。儘管如此，也算人類彌足珍貴的遺產了。科學史家通常認為，只在古代西方自然科學知識才跟哲學思想交織組合為自然哲學，除個別學科（如歐幾里得幾何學）開始相對的獨立外，自然科學還沒能從哲學內分化出來。這顯然忽視了《莊子》、《荀子》等一類中國傳統哲學著作及其吉光片羽般的科技結晶，恐怕仍是妄自菲薄的劣根性在骨子裏作祟。

　　本節所謂鉤沉並不完備，充其量相當於一張簡短的索引，希望以自己膚淺瘠薄的學殖為縱深地研究《莊子》盡一些綿薄之力罷了。現在，讓我們按原文的順序對〈逍遙遊〉時代的科技發明來一次回顧，或者叫鳥瞰，好比雷達掃描，終究免不了有所遺漏。

　　魚「化而為鳥」，剔除神話色彩，大體上符合生物從低級到高級的進化過程。

　　「海運」、「天池」、「扶搖」等等是對海洋科學、地球科學的關注，林希逸口義：

　　　　海運者，海動也，今海瀕之俚歌猶有「六月海動」之語。
　　海動必有大風，其水湧沸自海底而起，聲聞數里。

　　這顯然是海嘯伴隨海龍捲給了作者視聽強烈的衝擊震撼。成
玄英疏：

　　　　大海洪川原天造化，非人所作，故曰天池也。

　　《莊子》的用語客觀地表述了海洋的成因，雖然有點含蓄。
　　鵬「水擊三千里，搏扶搖而上者九萬里，去以六月息」引自
《諧》，證明莊周也贊成這種朦朧的航空科學基本原理，參看下
文的「培風」、「御風」、「乘雲氣」諸語。
　　「野馬也，塵埃也，生物之以息相吹也」則是微觀世界的運
動現象。
　　「天之蒼蒼，其正色邪？其遠而無所至極邪？其視下也，亦
若是則已矣」類似〈天問〉，其中有宇宙無限的觀念。至於以鵬
的視覺對天色的思考，更存在一定的大氣光學價值，而鳥也的確
能辨別顏色。
　　「水之積也不厚，則其負大舟也無力。覆杯水於坳堂之上，
則芥為之舟；置杯焉則膠，水淺而舟大也（說明水體的深淺大小
負載舟船的能力不一樣，這完全暗合阿基米德的浮力理論）。風
之積也厚，則其負大翼也無力」，多麼精采的浮力講演，既合乎
數學比例之說，又不失為優秀的科普作品。
　　「適莽蒼者，三飡而反，腹猶果然；適百里者，宿舂糧；適
千里者，三月聚糧」雖是生活常識，但也蘊含著統籌學的意味，
可以移用於軍事戰備。

以「朝菌」、「蟪蛄」、「楩靈」、「大椿」為代表的繁雜事例，皆不同程度地涉及了植物學、動物學、生理學、地理學、天文（如「晦朔」）、曆法（如「春秋」）諸多領域。無論「六氣」是陰、陽、風、雨、晦、明也好，還是陰陽、四時，陰陽均有實物存在的趨向，即陰陽已從寒暖的感覺推想到近乎物質。

「聾者無以與乎鐘鼓之聲」是聲學常識。

「大浸稽天」、「大旱金石流、土山焦」是氣象、氣候的忠實記錄，「金石流」或許還是人類冶煉術的仿生對象。

「實五石」是對容積的計算。

「剖之以為瓢」是生活用品的初加工。

「不龜手之藥」是醫學成果，可以預防甚至治癒皮膚病。

「洴澼絖」是紡織業的工序之一。

「以為大樽而浮乎江湖」屬於原始的造船（腰舟）技術。

「繩墨」、「規矩」是木工的必備傢俱，可促使測量學的發展。「鐘鼓」、「機辟」、「斤斧」要求鑄造業的進步，「鐘鼓」講究音色，「機辟」屬於簡單的機械，「斤斧」木工、建築工均缺少不得。

以上這些只是〈逍遙遊〉中比較明顯的科技的反映折射，其他如相對論的調子則散佈全篇，值得大家深思熟慮。

先秦道家代表人物之關係

　　老子是先秦道家的創始人，此可以論定，毋須贅述。諸葛
亮〈論諸子〉以為「老子長於養性，不可以臨危難」，這是對
的，因為很符合老子大談「衛生之經」（《莊子・庚桑楚》）及
其「見周之衰，乃遂去」的形象；反之，說《老子》講的是兵法
或南面之術則是極端荒謬的。據《漢書・藝文志》可知：文子是
「老子弟子，與孔子並時」，關尹子「名喜，為關吏。老子過
關，喜去吏而從之。」《史記・老子韓非列傳》則說：老子「居
周久之，見周之衰，乃遂去。至關，關令尹喜曰：『子將隱矣，
強為我著書。』於是老子乃著書上下篇，言道德之意五千餘言而
去，莫知所終。」《列仙傳》則說：「關令尹喜者，周大夫也。
善內學星宿，服精華，隱德行仁，時人莫知。老子西遊，喜先見
其氣，知真人當過，候物色而跡之，果得老子。老子亦知其奇，
為著書。與老子俱之流沙之西，服巨勝實，莫知其所終。」關尹
子即關令尹喜，又稱「關令子」、「關尹喜」、「關尹」、「尹
喜」，按稱「尹喜」是，姓尹名喜，「關令」乃其最後的一個職
稱。《列仙傳》云云已經開始將其神化，開了後世道教傳說的
先河，如《歷世真仙體道通鑒》記敘尹喜先是周康王的大夫，
「後為東宮賓友，結草為樓，仰觀乾象。……知有聖人當度關而
西，乃求出為函谷關令，遇老子，迎為師，拜求至道。」在《列
子》、《莊子》中，楊朱稱老子為「夫子」而自稱「弟子」。綜
上所述，文子、尹喜、楊朱都算是老子的弟子。其中尤以文子為

最正宗者，也因此吳全節、宋濂等人都要說《文子》是《道德經》的「傳」。

《莊子‧天下》提到「彭蒙之師」及其言論：「古之道人至於莫之是莫之非而已矣，其風窢然，惡可而言？」這種認為得道之人可以臻於不為是非左右的境界的思想在《文子》中屢見不鮮，如〈道原〉、〈九守〉、〈符言〉、〈道德〉、〈微明〉諸篇常常提及所謂「真人」、「聖人」、「道者」都是「萬物玄同，無是無非」的。李定生、徐慧君《文子校釋‧論文子（代前言）》稱《文子》的這些言論與彭蒙之師所說「不僅思想一致，而且語言也類，可知文子即彭蒙之師」。即使不算《列子》，《莊子‧達生》裏也有列子問道於關尹的記載，可知列子是贊同並繼承了關尹的學說的。至於子華子和瞻子（是《莊子》對「詹何」的稱呼）是楊朱思想的發揮者，楊榮國已在《中國古代思想史》第七章第二節中予以證明，所以《莊子‧讓王》要稱讚他倆「知輕重」，重就是指楊朱所謂「重生」。

〈天下〉篇在引述了慎到的言論後說：「田駢亦然，學於彭蒙，得不教焉。」看來田駢和慎到又都是彭蒙的學生無疑了。除〈天下〉篇而外，田駢、慎到一派的學說還集中保存在《管子‧心術、白心、內業》等四篇之內。

《莊子》一書不但引用或講述了老子、彭蒙之師（文子）、關尹、楊（朱）、彭蒙、列子、子華子、瞻子、田駢、慎到這些先於莊子或與莊子同時的道家大師的言論和故事，而且直接受到了他們的巨大影響。如果說莊子是他們的思想的集大成者還有點牽強的話，那麼將《莊子》視為先秦道家學說的最佳總結就一點也不過分了。

綜上所述，先秦道家學派主要人物之間的師承（如：彭之與文子）或私淑（如：莊之與老）和相互影響（如：楊之與子華子、瞻子）的關係似可以下表示之：

老子

╱ ↓ ╲

文關楊
子尹朱

↓ ↓ ↓

彭列子瞻
蒙子華子
↓　　子

田慎
駢到

╲ ↓ ╱

莊子

聖人無常師

《論語‧子張》記載——

衛公孫朝問於子貢曰:「仲尼焉學?」

子貢曰:「文武之道未墜於地,在人。賢者識其大者,不賢者識其小者,莫不有文武之道焉。夫子焉不學?而亦何常師之有?」

《呂氏春秋‧仲春紀‧當染》「孔子學於老聃(《史記‧樂書》司馬貞索隱引《大戴禮》作「訪禮於老聃」,參觀《禮記‧曾子問》)、孟蘇夔、靖叔」、《史記‧仲尼弟子列傳》「孔子之所嚴事:於周則老子;於衛,蘧伯玉;於齊,晏平仲;於楚,老萊子;於鄭,子產;於魯,孟公綽」云云正可以作為子貢所謂孔子無常師的注釋。韓愈〈師說〉還補充了另外三個例子:「孔子師郯子、萇宏、師襄」,講的是孔子詢官名於郯子(《左傳‧昭公十七年》)、訪樂於萇宏(《史記‧樂書》索隱引《大戴禮》作「學樂於萇弘」,參觀《禮記‧樂記》)、學琴於師襄(《孔子家語‧辯樂》)的故事。此外,舊題南宋王應麟《三字經》中又有「昔仲尼,師項橐,古聖賢,尚勤學」的話。

其實不僅孔子是這樣,其餘諸子亦然。比如說列子,既師從壺丘子林(一稱壺子),又「師老商氏,友伯高子,進二子之道」(《列子‧黃帝》),而且還曾問學於關尹。有人懷疑老商

氏即壺丘子林，顯然是不清楚「聖人無常師」（〈師說〉）這個
先秦時期（而不僅僅是這一個時期）普遍存在的文化現象。

國學大師都活在先秦

　　從東周初年到春秋戰國時期，在中國大地上進行了一次人類從來沒有經歷過的最偉大的、進步的變革（政治、法制、經濟、軍事、文化等領域都發生了重大變化），是一個需要巨人而且產生了巨人（在思維能力、熱情和性格方面，在多才多藝和學識淵博方面的巨人）的時代。西周以來貴族壟斷學術文化的局面逐漸被打破，私人講學的風氣越來越昌盛。春秋晚期，孔子開始樹立了私人講學的規模。戰國之際，學派日益多了起來，形成了百家爭鳴、「作書刺世」的熱烈氛圍。戰國中期，還出現了以屈原為代表作家、以文藝形式反映時代的「楚辭」。戰國晚期，《呂氏春秋》橫空出世，冶諸子學說於一爐，粉碎了《莊子》「百家往而不反，必不合矣」的杞憂，反映了先秦時期結束過程中暨封建大一統國家建立過程中的文化融合趨勢。如果說「自然界的競爭不過是混亂渴望著秩序」，那麼人類社會中的爭鳴又何嘗不是這樣呢？

　　給秦漢盛世打下文化基礎的這些巨人們決不受統治階級的局限，也還沒有成為分工的奴隸。那時，差不多沒有一個著名人物不曾作過長途的旅行、不在幾個專業上放射出光芒。老聃不僅擔任過「周之征藏史」（《莊子》載子路語。《史記》或稱「周守藏室之史」，或稱「柱下史」），而且還是影響深遠的大思想家。比希臘哲學巨匠蘇格拉底早生八十多年的孔丘文武雙全，精通禮、樂、射、禦、書、數六藝，首創平民教育，培養了許多德

才兼備的得意門生。漆園小吏出身的哲學大家莊周的諍友惠施幾乎是個全才，集政治家、雜家、藏書家、辯論家諸種角色於一體。深得秦始皇讚許的法家集大成者韓非的老師荀況也是明敏博學，既從政又講學，既是先秦諸子中最具唯物論色彩的思想家，又是「賦」這種文學樣式的奠基人。諸如此類不勝枚舉，總而言之，他們的特徵是他們幾乎全都處在時代運動中，在實際鬥爭中生活著、活動著，站在這一方面或那一方面進行鬥爭，一些人用舌，一些人用筆，一些人用劍，一些人則三者並用。因此就有了使他們成為通人的那種性格上的完整和堅強。書齋裏的學者、廟堂內的御用文人則是例外，他們只是這些文化巨人的陪襯，對不起那個大亂而精彩的時代，最終都被歷史無情地淘汰掉了。

先秦巨人們的無所不包的才能與活動給他們自己保證了在人類發展史上為其他任何民族所不能企及的地位，從他們的多種多樣的文化形式中差不多可以找到後來各種觀點的胚胎、萌芽，以致於今天的我們在文、史、哲以及其他諸多領域內常常不得不回到他們的著作中去追根溯源、鉤玄提要、擷英採華。這些巨著不一定全由巨人們一手寫成，但他們的精闢言論及其中所蘊涵的主要精神卻由其及門弟子、再傳弟子或其信奉者傳承、記錄在了竹帛之上，並冠以對他們的尊稱作為書名，如《列子》、《商君》等等。

倘若用當代的媒體常用語來說，這些個先秦巨人無疑都是名副其實的「國學大師」，而且他們的著作成了後人研討國學的基礎文本，也就是說，如果沒有他們的著作流傳下來，所謂國學就會少掉最精彩的一大塊——諸子學及其衍生學科。

從五派到六家再到九流

　　誠如杜國庠所指出的那樣：「戰國末葉，已是奴隸制社會的結束階段，故學術思想也到了可以總結的時候」，而「批判並總結先秦諸子的這一活動，在戰國末葉，幾乎是各家共同的一種思潮傾向」。例如莊周〈徐无鬼〉與〈天下〉、荀況〈非十二子〉、韓非〈顯學〉等篇，無疑都是這種學術批判的專著。只不過〈顯學〉主要評議儒、墨兩家，可以暫置無論。

　　〈徐无鬼〉記載莊子針對諸侯紛爭之際學術界混亂的情形說「天下非有公是也，而各是其所是」，他還當面質問惠子：「儒、墨、楊、秉四與夫子為五，果孰是邪？」在秦以前，儒、墨、楊都是「世之顯學」，有孟軻、韓非的話作證，見《孟子・滕文公》下、《韓子・顯學》。或認為楊朱主義代表了先秦道家哲學發展的第一階段，或認為秉（讀若彭，與其餘四者都應該是複數，舉為首的一名概其學派）也就是彭蒙是法家的先驅，或認為惠子代表著名家中的一種傾向（強調「實」的相對性），我覺得都說得通。此五派（除了沒有陰陽家，西漢司馬談〈論六家要旨〉的其餘五家都已俱備）彷彿比〈天下〉所評的五家（墨翟、禽滑厘為一家，宋銒、尹文為一家，彭蒙、田駢、慎到為一家，關尹、老聃為一家，莊周為一家）覆蓋面更寬，因為後者實為三家（墨翟、禽滑厘為墨家，宋銒、尹文為名家，彭蒙、田駢、慎到、關尹、老聃、莊周為道家），也就是說道家占去了三個席位。

　　〈天下〉先將「鄒魯之士、搢紳先生」排斥在「百家」之外，然後再列出影響較大的五家分而論之，以證明「古之所謂道術者」已隨著「百家之學」的建立而分裂、「必不合矣」。如果將「鄒魯之士、搢紳先生」代表的儒者加上這五派就剛好是六家，在數目上下啟了〈非十二子〉以及〈論六家要旨〉的分類。

　　〈非十二子〉以它囂、魏牟為一家，陳仲、史鰌為一家，墨翟、宋鈃為一家，慎到、田駢為一家，惠施、鄧析為一家，子思、孟軻為一家，認為可用「仲尼、子弓之義」平息、調和上面六家的學說，比〈天下〉的看法樂觀而有預見性。荀況言外之意儼然以自己為仲尼、子弓的衣缽嫡傳者（〈顯學〉「自孔子之死也，……有孫氏之儒」則坐實了此關係；孫氏即荀況，或稱孫卿），就像莊周要讚美自己的前輩「關尹、老聃」是「古之博大真人」並把自己緊接其後一樣。

　　誠如《漢書・藝文志》所指出的那樣：「戰國從橫，真偽分爭，諸子之言紛然殽亂。至秦患之，乃燔滅文章以愚黔首。漢興，改秦之敗，大收篇籍，廣開獻書之路。」隨後，總結諸子的學術活動又再度展開，其成果以〈論六家要旨〉、劉歆《七略》最為顯著。

　　〈論六家要旨〉將諸子學派歸結為「陰陽、儒、墨、名、法、道德」六家，認為道家最能綜括其餘五家之所長，「立俗施事，無所不宜」。司馬談引〈易大傳〉之語開篇而先論「陰陽之術」、最後以道家壓軸，這應該與他曾「學天官於唐都，受《易》於楊何，習道論於黃子」（《史記・太史公自序》）的親身經歷以及漢初黃老之學盛行的大環境息息相關。

　　《七略》是劉歆子承父業整編皇家圖書後寫成的附有說明的分類書目，它把諸子分為儒、道、陰陽、法、名、墨、縱橫、

雜、農、小說「者流」，然後結論曰「諸子十家，其可觀者九家
而已」，覺得小說家微不足道，並且也引用了《易大傳》那句殊
途同歸、一致百慮的名言，說各家的主旨「亦《六經》之支與流
裔」，遙遙呼應著〈天下〉篇開頭近似的暗示。劉歆所謂九流
（班固等人因襲之）中有六家與司馬談所列的大致雷同，而多出
的雜家卻扮演著後者心目中道家（實際上是「新道家」）的角
色，因為它也在那兒「兼儒、墨，合名、法」（〈論六家要旨〉
謂之「采儒、墨之善，撮名、法之要」）。

　　竊以為雜家的出場終結了百子爭鳴的時代，與道聽塗說的小
說家同樣應該摒棄在九流之外，因為他們缺乏其餘各家獨立而紛
呈的思想。我們完全可以將剩下的八家加上一個「兵家」以成就
一組「新九流」，但要注意其中儒家、道家跟後來「三教」中儒
教、道教的本質區別。

經篇

易話

一

　　如果說以「艮」卦開篇的屬於《夏易》系統，以「坤」卦開篇的屬於《商易》系統，那麼以「乾」卦開篇的汲縣戰國魏簡、長沙西漢帛書及唐石經之《易》都應該隸屬於《周易》系統。《太玄》雖「以『中孚』為首卦」，但並非「漢之《周易》」（《廣陽雜記》卷五引《貴耳集》）或《漢易》，只不過是漢人對《周易》的擬作罷了。近人見長沙漢帛《周易》與傳本《周易》略有差池，即名之曰《楚易》，也不妥，因為長沙漢帛《老子》的語序也和傳本《老子》不同，這實際上反映了各地各異的編輯思想或承傳流派。

二

　　長沙漢帛《周易》的卦序與《十翼‧序卦》不相吻合，大概是因為不同流派的傳授者、編輯者的指導思想有別。清儒雖然能指出「古書傳世，初憑口授，後始著之竹帛；傳聞異辭，移寫異體，故文字多不一致。鄭玄嘗論其事：其始書之也，倉卒無其字，或以音類比方假借為之，趨於近之而已；受之者非一邦之人，人用其鄉言，同音異字，同字異言，於茲遂生矣」，卻沒大

注意這一重點：先秦古書多以部分篇卷或單篇別行，容許後人以一定的邏輯去編輯成書。無獨有偶，長沙漢帛《老子》和通行本篇（章）序的差池也當作如是觀。相對來講，語文上的出入倒顯得無關宏旨了。

三

汲縣魏簡有一篇〈卦下易經〉似〈說卦〉而異，也許就是杜預提到的〈陰陽說〉。長沙漢帛《易》傳中，有部分內容同於〈繫辭〉和〈說卦〉。但這兩種戰國與西漢的版本都沒有司馬遷、班固所記的〈彖〉、〈象〉、〈文言〉、〈序卦〉之屬，難道真是因為「疑於時仲尼造之於魯，尚未播於遠國也」（《春秋經傳集解‧後序》）嗎？還是由於秦始皇帝焚書而失傳了（如《隋書‧經籍志》所說）呢？恐怕誰都不好輕易地肯定或否決，畢竟古籍的存佚難以統計啊！

四

《漢書‧藝文志》載：「孔氏為之〈彖〉、〈象〉、〈繫辭〉、〈文言〉、〈序卦〉之屬十篇。」這與《史記‧孔子世家》「孔子晚而喜《易》，序〈彖〉、〈系〉、〈象〉、〈說卦〉、〈文言〉」其實是一致的，只不過司馬遷「不數〈序卦〉、〈雜卦〉者，統於〈說卦〉」（嚴可均《唐石經校文》），班固不數〈說卦〉、〈雜卦〉而統之於〈序卦〉罷了。所以，揚雄《法言》說「《易》損其一也」，這「一」篇也即被後世妄分的〈說卦〉、〈序卦〉、〈雜卦〉三篇的整合版，戴震亦謂「〈說卦〉分之為〈序卦〉、〈雜卦〉」。

五

《論語・述而》:「子曰:『加我數年,五十以學《易》,可以無大過矣』」,向來有人據《魯論語》以為此「《易》」是「亦」之誤,彷彿還頗有市場。其實,這仍是孤陋寡聞所造成的偏見。他們既不願相信司馬遷的話(已見「四」所引),又排斥《易緯・乾鑿度》「仲尼五十究《易》」的合理性,更不知道早在長沙漢帛〈要〉篇中已有「夫子老而好《易》,居則在席,行則在囊」的明文記述。

六

漢帛〈繫辭〉說:「天地定立,(缺字),火水相射,雷風相搏。」今本〈說卦〉作:「天地定位,山澤通氣,雷風相薄,水火不相射。」如果將二者訂正整合為「天地定位,山澤通氣,水火相射,雷風相搏」,即成帛《易》由八卦重為六十四卦的依據。按照傳統的說法,天、地、山、澤、水、火、雷、風可以轉換為乾、坤、艮、兌、坎、離、震、巽。拿這八個經卦作上卦,分別與乾坤、艮兌、坎離、震巽這四對下卦組合,即能得出帛《易》的六十四卦來。相對而言,這樣的組合法比今本《周易》賈公彥的重卦法有規律多了。後者只體現了陰陽對立的原則,未能體現陽先陰後的原則。

七

據《左傳》、《國語》所載,春秋時的《周易》仍無所謂爻題,而是以「某卦之某卦」的形式出現,與「古《易》及『費

直」（指《費氏易》）無『用九』字」（吳仁傑《易圖說》）應該是同一流派吧。又據杜預所說，戰國時的《周易》（即上文之「汲縣魏簡」）「上下篇與今正同」，那麼應該已有「初九」等稱謂了，而跟均有爻題的長沙漢帛及今本《周易》應該是同一流派吧。

八

有人通過對別卦象數的分析，認為「乾」等字並非卦名，而是處於卦辭的開頭、對別卦給以說明的語詞。我深韙此說。因為「初九」等字代替了爻象，那麼別卦的卦象即是代替了卦名，一形象一抽象，互補相成。如果硬要說「乾」等字為卦名，那麼為統一體例計，就應該在「初九」等爻題前補出相應的爻象來。事實上，任何已知的《周易》版本都沒有這樣做，問題的答案不是顯而易見了嗎？

九

有人不明白《周易》上下經別卦的數目為何如此多寡不均，孔穎達、俞琰、胡一桂、錢大昕等學者都為此解釋過，只不過所用術語有點大同小異。俞氏謂卦有對體和複體之分，如乾與坤為對體、屯與蒙為複體，如此搭配下去，上下經皆各得十八體，無所謂不均。而孔氏稱對體為「變」（錢氏稱交變），稱複體為「覆」（錢氏稱反覆），上經三十卦「二二相耦，非復即變」，共得十八體，下經三十四卦「二二相耦，非復即變」，也得十八體。不啻如此，對卦（或正對卦）還有旁通、錯（或錯象、錯

卦）、類卦、伏象（或伏卦）等名，而復卦（或復卦）還有綜、倒象、反對（或反卦、反對卦、反對之象）等名。

十

看了錢鍾書對《周易》的評泊考鏡，頗令人失望掃興。首先，他選擇了一個經傳不分的壞版本，並用編撰辭典的方式為王弼、韓康伯、孔穎達等人的舊注疏張目。於是，他的論述、觀點除了略具修辭學上的意義和「破文化權威主義之執」的作用外，對《易經》本文的訓詁、研究幾乎唐捐，只有一條關於《震》卦的解說（見中華書局版《管錐編》第1冊第31-32頁）比較接近郭沫若、聞一多、李鏡池、高亨等人堅守的良好的《周易》闡釋系統。

十一

司馬談說「六藝經傳以千萬數，累世不能通其學」，葉適說「〈文言〉、〈上下繫〉、〈說卦〉諸篇所著之人或在孔子前，或在孔子後，或與孔子同時，習《易》者會為一書」，近人也論《左傳》中「諸人對卦的解釋都是易傳，他們自己都是或大或小的易學家。春秋戰國時代，有許許多多這樣的易學家。他們的『易傳』有的被彙集起來，更多的恐怕都散失了」，都很有道理，汲縣魏簡和長沙漢帛經後的文字就是這些〈十翼〉之外的易傳的孑遺，還有一些則倖存、散見於其他古籍，如《風俗通義‧皇霸‧五帝》所引《易傳》等等。

十二

關於《易傳》，司馬遷只提到〈彖〉、〈繫辭〉、〈象〉、〈說卦〉、〈文言〉，揚雄只模仿過〈象〉、〈文言〉、〈說卦〉、〈序卦〉、〈雜卦〉、〈繫辭〉，班固只含糊地說及〈彖〉、〈象〉、〈繫辭〉、〈文言〉、〈序卦〉等「十篇」（各分上下共得十篇？）。綜合三者，所謂《十翼》的篇目竟然都有了，但篇數具體怎樣分配卻不清楚。

十三

南北朝時期，河北流行鄭玄的易注，江左採用王弼的易注，反映了北方重經學、南方重玄學的不同學風思潮。兩者的分歧在於：鄭本漢儒象數之說注《易》，王本玄學有無之辨注《易》；而共性在於：大多背離了卦爻辭的所指與能指，對我們以《易》解《易》的阻礙或干擾遠遠大於其本已微弱的可借鑒性。

十四

有人統計「吉」字在卦辭中凡二十見，是忽略了〈蒙〉卦中的「吉」與「不吉」，因為通行本此卦卦辭「吉」字均作「告」，而漢石經與長沙漢帛作「吉」。從文義看，作「吉」為長，「告」乃「吉」之形訛。總之，「吉」字在卦辭中凡二十二見，可分三類：告人以「吉」者，計坤、蒙、需、訟、師、比、泰、大畜、頤、離、咸、睽、蹇、解、萃、升、困、中孚、既濟，凡十九見；告人以「不吉」者，計蒙一處；告人以「元吉」者，計損、鼎兩處。

十五

李習之〈答朱載言書〉說「六經創意造言皆不相師……其讀《詩》也如未嘗有《易》也」，簡直是信口開闔。其實《詩》與《易》有很多相似的地方，早有前賢論及，如陳騤《文則》「《易》文似《詩》」、章學誠《文史通義》「《易》象通於《詩》之比興」，「不相師」之論早可以休矣，洪邁卻勸「後學宜志之」，這不是誤人子弟又是什麼？

十六

《容齋隨筆》卷十六「文章小伎」認為：「伏羲畫八卦，文王重之，非孔子以文章翼之，何以傳？」先不論《周易》與這三聖有無瓜葛，洪邁說《易經》憑藉《易傳》而流傳顯然是謬論，《易經》幾乎篇篇都夾雜著韻文，又簡短又易於記誦，想不流傳都難，反倒是《易傳》大有沾《易經》之光而流傳的重大嫌疑。

十七

蒙、訟、豫、隨、蠱、恒、解、井等卦的〈象〉辭都是「卦名＋卦義＋卦名」的句式，讓人費解，當從〈同人〉的〈象〉辭之例，在第二個卦名下添一個「曰」字，與卦義諸字斷開。洪邁、劉獻廷（1648-1695）已有見於此，而不為易學家重視，未免太可惜了。

十八

　　玄牝是天地之根（「玄牝之門，是謂天地根」）：用神話來表達，就是女媧「分大塊以造」（《郁離子》語）人（男、女）；用現實來表達，就是婦與夫交而後產子（男、女）。女媧／婦皆陰也，所造／所產之男皆陽也，先有陰然後有陽，誠如柏拉圖〈斐多篇〉蘇格拉底所說「對立面產生於對立面」，陽產生於陰，故居陰後而曰「陰陽」。《創世記》載耶和華（又稱神、上帝，性別不明）取下男人（亞當）的一條肋骨造成一個女人（夏娃），或許只是男權主義者為超越現實而作出的神話努力吧。

　　再往前推，女媧地出（見柳宗元〈天對〉。參看《管子》「天出其精，地出其形，合此以為人」，此處的天地可以置換為男女／父母），是女出乎地，男再出乎女，地者坤也、陰也，亦為陰生陽之關係。

　　坤，「地道也，妻道也，臣道也」，臣囊括男女，而地含陰陽（正負離子之類），猶如男女之身內皆有父母雙方的染色體（《白虎通》：「人稟陰陽而生」）。因之，不僅「剛」可細分，「柔」亦可析，諸如純陰（坤）之柔、陰陽和諧（泰）之柔，等等。

　　總之，陰陽、天地、男女、乾坤（後三者皆可以「陰陽」統之，參看《晉書》顧榮曰「夫兩儀之謂，以體為稱則是天地，以氣為名則名陰陽」）之間的微妙糾葛難以和盤托出，幸好聰明的祖先留下一幅太極圖，勝過了千言萬語（參看英諺 "a picture says a thousand words"），並將所有的密碼和答案全都含蓄在陰陽魚的永動（注意：在圖中用的是永靜表現出永動，亦靜亦動，亦陰亦陽，頗有「宇宙的恒動產生於本體之源的常靜」之慨）之

中了。所謂永動，古人稱之為「反」、「還」、「環」、「旋」云云。這張蘊涵無量個二元（陰陽、天地、動靜、否泰、既濟未濟……）的太極圖比宇宙全景圖包含的還要多很多，頗有點《莊子》「葆光」的氣度：「注焉而不滿，酌焉而不竭，而不知其所由來」。

十九

呂祖謙《易說》云：「『天行健，君子以自強不息。』他卦〈象〉中皆言卦名，如『地勢坤』、『雲雷屯』之類，獨此卦不言『乾』而言『健』，蓋非『健』不足以盡乾道之大。君子體乾正在自強不息，當看自之一字。」按呂氏解詁未盡義理，不免強說。他卦〈象〉中皆言卦名，「天行健」自然不能例外。西漢前《易》中無「乾」字，馬王堆帛書《易》寫「乾」作「鍵」（健之假借）可證，而〈說卦〉及緯書〈乾鑿度〉皆訓「乾」為「健」（我懷疑其中有篡改之文，如「乾，健也」應是「健，乾也」之誤倒），蓋乾卦原乃健卦，後人神其說而改之。

《周易》入門

一、懸談

（一）「易」之義

　　馬克思《資本論》指出：「把一個專門名詞用在不同意義上是容易引起誤會的，但沒有一種科學能把這個缺陷完全免掉。」「易」這個術語也是如此，它曾被用來稱呼《易經》、《十翼》、《易緯》、《連山》、《歸藏》等書。（這種情形在古籍中很普遍，如敦煌類書《新集文詞教材》、《新集文詞九經抄》等所引「老子曰」一部分為《老子》正文及其注疏，一部分或不見於傳世《老子》及其注疏或出自他書。）在從事比較清晰的論述之前，我們必須對這個「易」進行準確的界定。千萬不可小視甚至忽視這一步正名定義的工作，一旦差以毫釐，就極有可能謬以尋丈啊！

　　顧炎武《日知錄》說：

> 《連山》、《歸藏》非《易》也，而《周官》云「三《易》」者，後人因《易》之名以名之也，猶之《墨子》言周之《春秋》、燕之《春秋》、宋之《春秋》、齊之《春秋》，周、燕、宋、齊之史非必皆《春秋》也，而云《春秋》者，因魯史之名以名之也。

　　《周官》，現在通稱《周禮》，其中《大卜》篇載三《易》「其經卦皆八，其別皆六十有四」，其實這些共同點才是人們以一字統稱三書的主要因素。《易》雖是姬周王朝末期的產物（說詳李鏡池《周易探源・周易筮辭續考》），比夏之《連山》、商之《歸藏》晚出而簡略（書名、內容皆然），但流傳既廣，知名度也較高，所以以它來統稱先於它的類似古籍，也是歷史的必然趨勢。

　　至於《易緯》，顯然出自漢人的偽託，他們為了推銷自己的學說，不惜把著作權無償地轉讓給孔老夫子，或在自己的篇名前冠以「易」或「周易」，以達到淆亂視聽的目的。為了避免跟《易》相混，我們今天只應直稱其篇名，如〈乾鑿度〉、〈坤鑿度〉、〈稽覽圖〉、〈辨終備〉、〈通卦驗〉、〈乾元序制記〉、〈是類謀〉、〈坤靈圖〉。

　　最值得著重區別的是《十翼》與《易經》。前者之名首見於〈乾鑿度〉：「仲尼五十究《易》，作《十翼》。」仲尼是孔丘的字，《論語》、《史記》、《漢書》、〈要〉（長沙漢帛《易》傳之一）中都有關於他晚年喜好讀《易》的記載，此《易》與《繫辭》提到的《易》皆指六十四卦及其筮辭而言，一般分為上下兩篇，通稱作《易經》，也就是本篇所研討、校釋的「文本」。然而班固《漢書・藝文志》卻著錄施、孟、梁丘三家之《易》皆為「十二篇」，顏師古注「上、下經及《十翼》，故十二篇」，這是對的，在經後附傳是中國古籍的傳統編排格式，也是中國經典詮釋的一種基本範式，如《墨子》「經」後有「說」、《管子》「經言」後有「解」，二十世紀七十年代湖南長沙馬王堆漢墓出土的《易》經與傳〈二三子〉一前一後抄寫於同一塊帛上，更無可辯駁地證明了這一史實。於是，歷代沿襲不改，往往把

《易》和《十翼》捆綁成一本書，通稱作《周易》（他書亦然，如：《史記‧封禪書》引《詩》云「紂在位，文王受命，政不及泰山。武王克殷二年，天下未寧而崩，爰周德之洽維成王」，乃《詩傳》之文也；《說文解字》引《詩》云「不醉而怒謂之奰」，《毛傳》文也；《白虎通》引《尚書》云「前歌後舞，格於上下」，《尚書大傳》文也。李詳《愧生叢錄》卷一曰「古人引用書注，並以本書名之」，已有見於此），其中以王弼《周易注》與朱熹《周易本義》的影響最為深遠，而後者編排經傳的格式最接近古《易》的主流面貌。所謂主流面貌是指「經後附傳」這一普遍現象，而安徽阜陽雙古堆漢簡《易》、上海博物館藏戰國楚簡《易》後卻沒有發現相應的傳，則可視作古《易》的非主流面貌。根據汲縣戰國魏簡《易經》已分為上下二篇、長沙漢帛《易》跟熹平石經一樣筮辭之間不附〈彖〉、〈象〉、〈文言〉的體例，就能基本確定《周易》較原始的行文格式，即《周易本義》中經傳的編排：先錄上、下二經，其次是十翼。

那麼，如何要取名為「易」呢？這又要涉及古書命名的習慣。古書除了多用作者尊稱命名（如《莊子》、《商君》）之外，還會摘取第一篇的題目來指代全書，如用〈（離）騷〉來稱《楚辭》。《易》之所以名《易》亦不例外，稍微不同的是，「易」摘自《易》第一篇篇中之字，那就是「惕」，易、惕古代通用，郭店楚墓竹簡《老子》就曾把「難易」寫作「難惕」。然則「易」並非蘊含著「大義」的「微言」，其意充其量不過如〈繫辭〉所揭示的那樣，只是教「君子」（《易》中的主角）為人、處世、面對「大人」或「王」時務必「懼以終始，其要無咎」，懼就是惕，就是易。後人不顧或不懂古書命名的體例，竟將「易」之義闡釋得玄之又玄太玄了，公說婆說，眾說紛紜，讓人莫之適從。

關於這點，可以參考聞一多〈神仙考〉所謂「典型的儒家道德觀念的核心也是個『敬』字」云云。

（二）體例

在入《易》之門以前，我們先得瞭解《易》的行文風格。比較而言，《易》的筮辭比殷墟的卜辭簡略，這正如桓譚所說「《夏易》繁而《殷易》簡」一樣，《周易》又比《殷易》（又名《商易》、《歸藏》、《坤乾》）簡略。例如《歸藏‧鄭母經》：

> 武王（貞人）伐紂，枚占（於）耆老（筮人），耆老曰：
> 「吉。」（馬國翰輯自《博物志》卷九〈雜說〉上）

這與卜辭大同小異，都是「王」有某事則使專職人員（太卜、史之類）占卜後告知吉凶的格式，而《易》卻往往省去貞人和筮人（〈巽〉稱作「史巫」），只記所貞之事和筮（或稱占）後之兆（元亨、利之類），因此《左傳‧莊公二十二年》「周史有以《周易》見陳侯者，陳侯使筮之」、《楚辭‧離騷》「命靈氛為余占之」等句要補記出貞人和筮人來。可見，卜辭和《歸藏》還保留著檔案的性質，而《周易》已具有明顯的開放性和靈活性，所以這也是它流傳廣泛以致於家喻戶曉甚至家弦戶誦的緣故所在。《歸藏》和《左傳》對貞筮過程的描述稍嫌簡略，我們可參看《楚辭‧卜居》：

> （屈原）心煩慮亂不知所從，乃往見太卜鄭詹尹。曰：
> 「餘有所疑，願因先生決之。」詹尹乃端策拂龜，曰：
> 「君將何以教之？」

　　如此可以推斷，用《周易》貞筮的先後次序應該是：貞人
先對未來的行為有所疑慮，再去找筮人決疑，而筮人要先問清貞
人所貞何事以後，才開始用筮草一類的工具算出一卦來，再根據
《周易》該卦的筮辭告知貞人是吉是凶或未來如何行動，以排其
憂、解其煩。

　　不僅僅是格式，《周易》的文字還比卜辭和《歸藏》的文字
整齊、優美得多，它對韻律的運用有時甚至不亞於《毛詩》中的
篇章。就拿〈乾〉來看吧：

　　　初九：潛龍，勿用。
　　　九二：見龍在田，利見大人。
　　　九四：或躍在淵，無咎。
　　　九五：飛龍在天，利見大人。
　　　上九：亢龍，有悔。

　　初九與上九、九二與九五的筮辭（或稱爻辭）兩兩相稱，
簡直是標準的扇面對，極像《詩》章與章之間的對稱；九四「或
躍在淵」已和〈雅〉詩「或潛在淵」、「魚躍於淵」的形式一致
了，應該也是西周初期到東周初期之間的作風；而古音乾、亨、
貞、龍、用、田、人、淵、天等字可以協韻，與《毛詩》、《老
子》、《楚辭》等書的用法幾乎沒有什麼兩樣。諸如此類的現象
都表明：〈乾〉的筮辭並非遠古原始的字句，而是出乎後世編者
有意的文飾。推而廣之，整部《易經》都是如此，更不用說晚於
它的〈彖〉、〈象〉等辭了。然而更多的時候，卻像章學誠《文
史通義‧詩教》所謂「焦貢之《易林》、史遊之《急就》，經部
韻言之不涉於詩也」或普魯塔克論恩培多克利等人的哲學那樣，

《易經》如《老子》一般雖局部採用了詩的形式，但不能算做純詩，因為其中畢竟缺乏詩的情感。

（三）《易》之門

〈繫辭〉認為《易》是「道義之門」，而〈乾〉、〈坤〉兩篇又是「《易》之門」，還以門的開關比喻說：「闔戶謂之坤，辟戶謂之乾，一闔一辟謂之變，往來不窮謂之通。」「一闔一辟謂之變」相當於「一陰一陽之謂道」，〈乾〉「初九」《左傳》引作「乾之姤」，這個「之」即是「變」（參看《焦氏易林》），陽極而陰（參看《國語‧越語》「陰至而陽，陽至而陰」），「初九」意思是說乾卦的第一陽爻變成了陰爻，直到乾卦的六個陽爻全變成了陰爻，那就成了坤卦，所以《左傳》引「用九」為「其坤」，即「乾之坤」的省稱。用與通是同源字，《莊子》「用也者，通也；通，變也」、《文子》「用者，通也」。「群龍無首」就是「往來不窮」的象徵，長沙漢帛《易》傳《易之義》（在《二三子》之後、《要》之前）所謂「為九之狀，浮（俯）首兆（朝）下，蛇身僂曲，亓為龍類也」即此。

二、正文

（一）乾龍

乾　元亨，利貞。

初九　潛龍；勿用。

九二　見龍在田；利見大人。

九三　君子終日乾乾，夕惕若厲，無咎。

九四　或躍在淵；無咎。

九五　飛龍在天；利見大人。

上九　亢龍；有悔。

用九　見群龍無首；吉。

我們只看《左傳》稱本卦為「乾之姤」云云而不呼什麼爻題，便敢於斷定：即使卦爻辭原文如此，「初九」、「用九」云云卻無疑較為晚出，但也不會遲於汲縣魏簡（或上海博物館藏戰國楚簡）的寫定之時，因為親眼目睹過這批戰國竹書的杜預曾說「《周易》及《紀年》最為分了，《周易》上下篇與今正同」。然則，《焦氏易林》中卦象、爻題的稱呼也許即是承襲古本《周易》而來，也是「某卦之某卦」的格式，只不過卦變的數量增多了而已。顛倒源流，也未嘗不可以說《周易》是《易林》的具體而微。總之，卦象與爻題（代替了爻象）應該都是《周易》中的「象」，而「乾」以至於「吉」自然都是《周易》中的「辭」了，〈繫辭〉裏的「象」與「辭」也正是這樣的意思。如果硬要說「乾」是卦名，那麼爻題前還該列出爻象來對照卦象才是。其實，從汲縣魏簡、長沙漢帛一直沿用至今的卦象與爻題大略也是一種互文見義、形象和文字相輔的範例。人們常用「乾」稱謂該卦，正同《詩》篇名的命定一樣，只是為了方便起見，並無什麼微言大意。

只須弄懂「乾」和「龍」這兩個字的真諦，讀者就不難理解《周易》第一篇的義蘊了。聞一多曾考證出：乾古文象星形，本字為斡，北斗的別名。真似深文周納，何患無辭！反不如尚秉和解乾為日，雖不中，也會心不遠了。乾字有一種異體（見《康熙字典》乙部），是日升木中、水氣蒸發的樣子，有「乾」義，即後之「暒」字，今豐都方言仍讀錢為情可以旁證，而「終日乾乾」也該相應地讀為「終日勤勤」才對。至於長沙漢帛本寫作

「鍵」,是假借字;〈說卦〉及〈乾鑿度〉皆訓「健」,是因音近而引申之,跟《釋名》的伎倆如出一轍。魯昭公二十九年秋,有龍出現於絳郊,魏獻子就此事向蔡墨詢問龍「今何故無之」,實際上是問「今何故不能朝夕見之」,蔡墨遂引《周易》此篇與〈坤〉內有「龍」的句子,證明先民經常都能親見和識別。這件事見於《左傳》,我們幾乎沒有堅不可摧的理由去質疑它,興許先秦以至上古確乎有生物學意義上的龍,與後世意識形態中的神龍區以別矣。《周易》不過是借龍這個形象用作象占時的意象罷了,並不是天文學意義上的蒼龍。

既然此篇略具《詩》的格律,那麼屢用省略這種詩中常見的修辭格再也自然不過了。如:初九「勿用」既探下省略了主語「君子」,又探下省略了動賓短語「見大人」,〈升〉「用見大人」長沙漢帛作「利見大人」,利用為同意複合詞,「勿用」句意為:君子勿用見大人;君子不利於見大人。上九「有悔」剛好相反,蒙上省略了「君子見大人」這個主謂賓齊全的句子,悔者晦也、霉也,「有悔」句意為:君子見大人有晦氣;君子見大人會觸霉頭。簡言之,「勿用」即是「有悔」,正如它們的取象「潛龍」義近「亢龍」一般——潛、亢皆有隱藏義,潛龍是深藏於浸的龍,亢龍是高隱於天的龍,一上一下,相應成趣。它們之所以被用作徵兆,是示意「過猶不及」這個道理的,告誡君子不要走極端,極左、極右都將是危險的。現在回頭來看卦辭,其意再也明白不過了:晴,大吉,利於君子卜問見大人是吉是凶。結果呢,正如爻辭所示,吉(利、無咎、吉)多凶(勿用、有悔)少。

值得特別一說的還有:(甲)「元亨」之「亨」字與〈旅〉等卦的「小亨」之「亨」同義,都是亨通、吉利的意思,又不同於《大有》等卦「用亨」之「亨」,「用亨」在金文中寫作

「用享」，即《周禮》「天神稱祀，地神稱祭，宗廟稱享」字。（乙）殷墟甲骨卜辭有「貞：呼見（卜辭中「呼」通常與名詞、動詞組成「呼・N・V」的兼語式結構，但這一結構內的N往往不出現，而成為「呼・V」結構，又如「貞：呼取（獲取）龍？」）羊於西土？」之句，見的意義是「獻」，與九二、用九之「見」或許是同一字詞，然則「龍」與「群龍」皆為獻享之犧牲，「田」就是祭祀之處所。卜辭又有「缶其來見王」之句，與「利見大人」之見無異，都有會見的意思。（丙）近有論者已經指出「飛龍在天」之「飛」應看成動詞作定語，殷墟卜辭和《毛詩》中也有這種用例（花城出版社2003年版楊逢彬《殷墟甲骨刻辭詞類研究》第364頁）。其實不僅這一句，「潛龍」、「見龍在田」、「亢龍」、「見群龍無首」之「潛」、「見」、「亢」皆為動詞。潛，李鼎祚《周易集解》引崔憬曰「潛，隱也」，這是最正確的聲訓，所以長沙漢帛又寫作「浸」或「侵」，均可音近相通，潛龍是說龍隱藏在田之下，因為從爻象上可以看到初九在九二之下。見是潛的反義詞，讀若出現之「現」，見龍在天即龍現於田。而「利見大人」之見應讀若下級參見上級之「見」，則另當別論。

（二）地勢坤

坤元亨，利牝馬之貞。君子有攸往，先迷後得主，利；西南得朋，東北喪朋，（安貞）吉。

初六　履霜，堅冰至。

六二　直方大，不習（無不利）〔吉〕。

六三　（含）〔合〕章，可貞；或從王事，無成有終。

六四　括囊，無咎無譽。

六五　黃裳，元吉。

上六　龍戰於野，其血玄黃。

用六　利永貞。

　　從「坤」到「（安貞）吉」都是卦辭，說明筮得卦的吉凶和所「貞」（《說文解字》「卜問也」，在《周易》中解作筮問）事情的吉凶。「坤」，安徽阜陽雙古堆漢簡《易》作「川」，古音讀為順（《十翼‧說卦》「坤，順也」），與「元亨」一道判斷出卦是一個順利、大吉之卦，相當於後世所謂「上上簽」。參見〈否〉爻辭「小人吉，大人否（一本作「不」）亨」，可知亨是吉的同義詞，所以「元亨」即下文的「元吉」，大吉的意思。「利牝馬之貞」是說利於筮問關於母馬的問題，其主語大概就是下文的「君子」。「先迷後得主」至「（安貞）吉」是君子「有攸往」（孔穎達正義：「有所往」）之後將出現的狀況，屬於「史」的預言。「先」、「後」連用，在〈蠱〉、〈否〉、〈同人〉、〈睽〉、〈旅〉卦爻辭中亦然，相當於始、終；「迷」相對「得」（義同〈睽〉、〈豐〉爻辭中的「遇」）而言，其意當為不得（不遇），義近下文的「喪」；「主」則相對「朋」而言，《大戴禮記》曾子曰「何必然？往矣！有知焉謂之友，無知焉謂之主（盧辯注「且客之而已」）」，友即朋，君子乍到一地，地主不能知遇君子，君子就只好作為普通客人暫留一時，即使如此，其結果也是吉「利」的。再往前行，若取道西南方，就會遇到知人之主（朋），若取道東北方，就會錯失（喪）知人之主，但也沒有關係，最終仍然「吉」利。「安貞（此處通「定」）」即安定不外出，與「有攸往」剛剛矛盾，因此是衍文，漢帛〈二三子〉引《易》正好沒有這兩個字。

　　《周易尚氏學》解「〈象〉曰：地勢坤」說：

> 王弼曰：「地形不順，其勢順」，是王弼之本作「地勢
> 順」也；宋衷曰：「地有上下九等之差，故以形勢言其
> 性」，夫曰性則亦讀為順也；而皆未引〈說卦〉「坤，
> 順」為詁，是愈證宋、王本之皆作「地勢順」，故不引
> 〈說卦〉為證。

　　這是正確的，阜陽漢簡「川」即「順」之省，但「地勢順」
的標點是錯的。那麼為何後來人們大都用「坤」作本卦卦名，而
不恢復起用「順」呢？其實，這主要取決於「坤」的字形所傳達
的資訊。「申」是「神」的古文，「坤」可以理解為土之神，
《文選》李善注引《遁甲開山圖》「有巨靈胡者，偏得坤元之
道」《漢學堂叢書》輯本作「有巨靈者，遍得元神之道」可證，
這個元神即坤，亦就是《鶡冠子・泰時》、《淮南子・精神》、
《十六經・果童》（長沙漢墓帛書之一）所謂的地母，是一種原
始的拜物（土地）主義所信仰的對象，後世才將其具體化為「地
出」（柳宗元〈天對〉）的女媧。所以，「坤」卦是由六個陰爻
組成的純陰之象，而「利牝馬之貞」，其中的「土」則由初六、
六二、六三等爻辭的描述來多維度地坐實。

　　「霜」和「堅冰」是「土」上的結晶物，「履霜」承前省去
了主語「君子」。履，陸德明音義「鄭（玄）讀履為禮」，俞樾
在《古書疑義舉例・以注說改正文例》中批評道：

> 按「履霜」之義明白無疑，鄭讀為禮義，不可通。疑鄭氏所
> 據本作禮霜，鄭注則曰禮讀為履，破叚字而讀以本字也。後
> 人用注說改經，又以既改之經文改注，而陸氏承其誤耳。

　　俞氏死後六十多年，長沙漢墓出土的帛《易》「履」皆作「禮」，證實了他的明斷。履、禮古音相同，可以互訓，如：《說文解字》「禮，履也」；《爾雅・釋言》及《釋名・釋衣服》「履，禮也」；《白虎通・情性》「禮者，履也」；《十翼・序卦》「履者，禮也」。許慎在「履也」之後進一步解釋「禮」為「所以事神致福也」，我猜想，「履霜」大概與《禮記》的「秋嘗」有關，〈祭義〉篇載：

　　　　（依下文之例，此處似應補一「秋」字）霜露既降，君子
　　　　履之，必有悽愴之心，非其寒之謂也。……哀以送往，
　　　　故……嘗無樂。

　　送走了秋季，「順」勢而來的自然是冬天，用形象而含蓄的話說即是「堅冰至」。
　　「直方大」即是「冰」除了「堅」這個觸覺特徵之外的三個視覺特徵。習、襲古字通用，《公羊傳・僖公十四年》何休注「襲，陷入也」，「不習吉」是說君子「履」在「冰」上，冰若不下陷，自然「吉」利。為了與「直方大」對稱，當從漢帛《易之義》所引作「不習吉」。
　　「含章」當從漢帛本作「合章」，章，光也（《類篇》），合章即《老子》「和其光」，是勸君子模仿大地冰封之象，韜光隱晦。如此，方利於筮問，「可貞」與「利貞」同義，故《損》「可貞，利用攸往」並列二字以避複。倘若不「合章」而去為王者工作，結果將無所成就，這就叫「或從王事，無成有終」。「括囊，無咎無譽」其實還是「合章，可貞」的申說，括囊可以解作結束行囊，杜門不出，也可借《老子》「塞其兌，閉其門」

來詮釋，到頭來自然既無過錯，又無榮譽。「黃裳」則和「合章」相對，黃，光也（《說文解字》），裳通尚、上，光明一旦上升，就大吉大利，這顯然離不開前面「合章」、「括囊」時所做的修養準備。《荀子》斷章取義，用「括囊」形容「腐儒」，並不吻合本卦的原意。

「龍戰於野，其血玄黃」跟單單敘事而不示吉凶的一類卜辭很相似，又好比《呂氏春秋》「十二紀」中的物候記錄，我覺得是編者有意要拿它與用六的「利永貞」互文見義。此「龍」指上六「戰」勝了陰而變成了陽爻，它的血又黑又光亮，「玄」照應「坤」，古人認為是土地之色，「龍」照應〈乾〉中之「龍」，是坤將變成乾的前兆。「用六」即「通六」，是說坤卦六個陰爻至此全變成了陽爻，坤又變回了乾，如此不息地在兩個「元亨」之卦間迴圈，自然利於長久的貞問。「永貞」相對「疾貞」（〈明夷〉）而言，《爾雅·釋詁》：「永，長也。」

愛情進行曲

　　興許從孔丘的批評（語見《論語‧八佾、泰伯》）開始，〈關雎〉就成了古今中外學界聚訟紛紜的名篇，大到中心思想，小至分章問題，皆莫衷一是，恨不能起作者（一說為畢生高，一說為尹吉甫）於九泉而詰之。因歷史遺憾，我們已不能把詩裏的淑女、君子坐實（歐陽修《詩本義》首倡君子為文王、淑女為太姒之說），只好按《毛詩》慣例將本篇視作四小章或兩大部憑匠心編織而成的水濱戀歌。

關關雎鳩／在河之洲／窈窕淑女／君子好逑

　　全詩的首章，即第一部分。從語氣上揣摩，此四句是前置的亂辭，屬於倒敘，既點明了事件的背景和主角，又總攝了整篇的意蘊，相當於佛經的偈、史傳的贊、評書的開場白或音樂的前奏。關關是擬聲詞，模擬出雎鳩的和鳴聲。「關關雎鳩／在河之洲」是興而比，「窈窕淑女／君子好逑」是已然之辭，例同《周南‧兔罝》「赳赳武夫／公侯好仇」，「窈窕」、「淑」與「赳赳」、「武」均系人的形容詞，只不過一男一女而已。那麼，女子怎樣方能稱「淑」呢？自然是秀外而惠中，拿秦、晉古方言講就叫窈窕，因此淑女不一定是貴族少女，也可能為勞動少女，無須錙銖必較。這與君子不同，《毛詩》內的君子都是統治階級男人的通稱，難怪今古文《詩》學家要牽扯到周文王、周康王身

上。好述為聯合式合成詞，乃配偶的音轉。如果說以下三章（即第二部分）是君子的自述（當然也是作者的代言），那麼此節則為作者客觀的內容提要或情節簡介，而不僅僅局限於佈景說明。

參差荇菜／左右流之／窈窕淑女／寤寐求之／求之不得／
寤寐思服／悠哉悠哉／輾轉反側

緊接著來幾組特寫。「參差荇菜」承前省略「在河之洲」，「左右流之」承後省略「窈窕淑女」，意為淑女在河洲邊用雙手搜索水中的荇菜。左右就是雙手，流是搜索的意思。流之是對荇菜而言，求之是對淑女而言，兩相照映，恰像下文採之與友之、芼（相當於烞，一種現代日常仍用到的烹飪方法）之與樂之，運用賦的表現形式，由物及人，循序漸近。其實這三組動作即詩眼所在，絲扣環鎖般演繹出一段先哀後樂的愛情三部曲，既浮雕凸現了淑女的窈窕，也抒發盡君子感情的執著和熾熱，簡直可跟〈陳風・澤陂〉中那位「寤寐無為／涕泗滂沱……中心悁悁……輾轉伏枕」的癡情女子相媲美。寤寐在這裏猶言日夜，寤是醒著，可以求之，寐是睡了，怎能求呢？此為誇張修辭，講寐也求之即無時無刻不在求之的「形象語言」，跟「輾轉反側」、「琴瑟友之」、「鐘鼓樂之」手法相同，「悠哉悠哉」是對「寤寐思服」的補充和反復。從某種意義上說，其特徵基本符合安布羅斯・比爾斯《魔鬼辭典》對愛情一詞的定義：「這是一種臨時性的精神病，可用婚姻治癒」。此八句是第二部分的序幕、全詩的重頭戲，真可謂「哀而不傷」。

參差荇菜／左右采之／窈窕淑女／琴瑟友之

這章為愛情進行曲的第二個步驟,賦中有比。荇菜既被淑女搜索到,就應當采擇;淑女被我不懈地追求、不停地掛念,終於能跟她和諧相處做朋友了。琴瑟本是樂器,同兩位青年的戀愛干係不大(法國小說家Goncourt卻認為:對於女子,音樂等於是「戀愛的彌撒禮」),在此處已引申成和諧之意。另外,琴、瑟是「樂之小者」(朱熹《詩集傳》),與下章的鍾、鼓是「樂之大者」(同上)輝映成趣,統統吻合友之、樂之所應有的氛圍、程度和感情色彩。

　　　參差荇菜／左右芼之／窈窕淑女／鍾鼓樂之

和諧相處既久,雙方便準備永結伉儷,這也是人之常情,妙在詩作者卻含蓄出之。「鍾鼓樂之」就是君子家敲鐘擊鼓去歡迎、娛樂淑女。鐘聲高亢,鼓音宏大,兩者齊響必將驚動四鄰。這和「琴瑟友之」時的脈脈柔情不願人知迥異其旨,如今是惟恐別人不曉此女已歸我家了。所以這就是婚禮場面,也即愛情進行曲的尾聲,且同「君子好逑」遙相呼應。以上兩章若取「樂而不淫」概括其藝術特色,正得情詩三昧。

　　至於〈關雎〉所能折射出的先秦社會風貌,前輩已多有闡述,其主要論點大有千江朝海、殊途同歸的傾向,那就是:此詩反映了仲春之月在水邊「會男女」(《周禮‧地官‧媒氏》)的原始婚俗,光《毛詩》裏的例子就不勝枚舉。在這則淺談性質的文字中,既沒有擔起諸如「古今中外〈關雎〉研究綜評」的艱巨任務,便不必條分縷析以上的民俗學課題了。

詩詞篇

古今第一七律

　　《全唐詩》九百卷，多至四萬八千首，但我最愛李商隱的〈錦瑟〉。

　　金性堯認為「此詩以首句頭兩字為題，從全詩看，實與錦瑟無關」，差矣！音樂能喚起人的記憶、引出人的想像，自「莊生」至「藍田」全因瑟聲而來。勝〈李憑箜篌引〉一籌的是，這兩聯不但描繪了音樂，而且還兼顧了「無端」、「惘然」之人情；較量《詩・兔爰》、張九齡〈感遇〉等作，〈錦瑟〉無疑已將漢詩的含蓄沈鬱之美發揮到了巔峰。

　　我向來就有一個頑固的信念：《唐詩三百首》乃至只選十首皆可以遺漏李賀，卻不能沒有〈錦瑟〉。──而立而後，仍未改變。有時，我甚至想移胡應麟評杜甫〈登高〉的話來讚歎〈錦瑟〉：「此詩自當為古今七言律第一，不必為唐人七言律第一也。」（《詩藪》內編卷五）

　　附帶提一下，年少情淺或許就是李賀、梁遇春之類早逝才俊的軟肋吧。所謂「年老情枯」則指江郎才盡而言，不過很幸運，多愁善感的李商隱總算躲開了這一劫。

伴陳衍、錢鍾書讀宋詩

一、鄭文寶〈柳枝詞〉

> 亭亭畫舸繫寒潭
> 直到行人酒半酣
> 不管煙波與風雨
> 載將離恨過江南

陳衍按：此詩首句一頓，下三句連作一氣說，體格獨別；唐人中惟太白「越王勾踐破吳歸」一首前三句一氣連說，末句一掃而空之：此詩異曲同工，善於變化。

錢鍾書按：這首詩很像唐朝韋莊的〈古離別〉：「晴煙漠漠柳毿毿，不那離情酒半酣。更把玉鞭雲外指，斷腸春色是江南。」但是第三第四句那種寫法，比韋莊的後半首新鮮深細得多了。

林趕秋按：在陳衍（1856-1937）評選的《宋詩精華錄》卷一中，這首詩被引作——

闕題
亭亭畫舸繫寒潭，直到行人酒半酣；
不管煙波與風雨，載將離恨過江南！

　　在錢鍾書的《宋詩選注》（生活・讀書・新知三聯書店2002年5月北京第1版，下同）第4頁則引作——

柳枝詞
亭亭畫舸繫春潭，直到行人酒半酣；
不管煙波與風雨，載將離恨過江南！

　　兩者都不夠完美：陳氏未能從何汶《竹莊備全詩話》內拈出鄭詩的題名，使得「繫」字沒有著落；錢氏選「春」字修飾「潭」而不選「寒」字，則削弱了「離恨」的深度。因為越是短小的舊體詩，詩題與詩句就越須構成一個相輔相成的互文系統，才能含蓄更多的資訊好供會心的讀者欣賞，這首〈柳枝詞〉自然亦不例外。誠如錢氏所指出的那樣，「系」字的意思裏包涵著楊柳（參看《選注》第4頁注1），「柳枝」也包涵了「春」，而「寒」的不僅是「潭」，還應該有「行人」和送行人的心，即「離恨」，這顯然又涉及到了「通感」手法，千萬不可忽視！反之，「春潭」或「碧潭」（見周紫芝〈書滄海遺珠後〉所引）皆局限於寫景，不像「寒潭」還可以兼職寫情。

　　創作同評論一樣，都很難繞開傳統的牽絆。在構思之際，鄭文寶心中自然有許多前代的樣品，包括唐詩，它們也會或多或少地浮現於陳衍、錢鍾書的腦海，所以陳氏要拿李白的〈越中覽古〉、錢氏要拿韋莊的〈古離別〉去較量鄭詩。倘若就詩論詩，錢氏的徵引當然比陳氏的更接近鄭詩的格調，但陳氏能舉一反三，又顯得高明、開放了一點點，只是一個「惟」字下得太武斷，韋詩不也是「首句一頓，下三句連作一氣說」的好例子嗎？

二、歐陽修〈戲答元珍〉

春風疑不到天涯
二月山城未見花
殘雪壓枝猶有橘
凍雷驚筍欲抽芽
夜聞歸雁生鄉思
病入新年感物華
曾是洛陽花下客
野芳雖晚不須嗟

陳衍按：結韻用高一層意自慰，又〈黃溪夜泊〉結韻云「行見江山且吟詠／不因遷謫豈能來」亦是。

錢鍾書按：歐陽修很得意這首詩；……洪亮吉《北江詩話》卷二很中肯地說：「歐公善詩而不善評詩……。」

林趕秋按：錢氏依元刊本作「歸雁」而不用陳氏所選的「啼雁」，非常好，前面已有「聞」字，毋庸再點明「啼」，而加「歸」字卻可以增添詩意。

陳氏只指出歐陽愛把全詩的關鍵句放在結韻處，沒能看出它的失敗。在這首詩中，歐陽同時犯了兩個毛病，即王夫之《薑齋詩話》卷上所謂「俗筆必於篇終結鎖，不然則迎頭便喝」，首兩句與尾兩句重複無進展，何「高」之有？聰慧的錢先生則不然，他不明說，卻借洪氏之嘴來挖苦歐陽的得意之作不能獲取別人的認同。基於此，「善詩而不善評詩」未嘗不可以理解為「善於多寫詩而不善於自評詩的優劣」。

三、歐陽修〈別滁〉

花光濃爛柳輕明
酌酒花前送我行
我亦且如常日醉
莫教弦管作離聲

陳衍按：末二語直是樂天。

錢鍾書按：歐陽修這兩句可以說是唐人……白居易〈及第後歸覲〉：「軒車動行色，絲管舉離聲」等等的翻案。

林趕秋按：錢氏依元刊本作「輕明」，方可與「濃爛」對稱，而陳氏選的是「輕盈」這個聯綿單純詞（疊韻），未能寫出柳色。

陳氏只看到末兩句形似白詩，卻沒有覺出它的變化，自然輸給錢氏一籌。

四、王令〈暑旱苦熱〉

清風無力屠得熱
落日著翅飛上山
人固已懼江海竭
天豈不惜河漢乾
昆侖之高有積雪
蓬萊之遠常遺寒
不能手提天下往
何忍身去遊其間

陳衍按：力求生硬，覺長吉猶未免側豔。

錢鍾書按：「屠」字用得很別致；……這種要把世界「提」在手裏的雄闊的心胸和口吻，王令詩裏常有，……和他同時的韓琦《安陽集》卷一〈苦熱〉詩……意思差不多，而氣魄就遠不及了。

林趕秋按：在這首詩面前，陳、錢的看法幾乎一致，然而陳氏敢說王令高於李賀，錢氏則像是為避諱（毛澤東愛李詩）計，只好拉出一個韓琦相比。儘管如此，錢氏舉的例卻比較切合王作，陳氏則難免有空談無根的嫌疑。

五、蘇軾〈飲湖上初晴後雨〉

> 水光瀲灩晴方好
> 山色空濛雨亦奇
> 欲把西湖比西子
> 淡妝濃抹總相宜

陳衍按：後二句遂成為西湖定評。

錢鍾書按：這（即「後二句」——趕秋按）也是蘇軾的一個傳誦的比喻，後來許多詩歌都從這裏生發出來。

林趕秋按：在這首極像廣告的名詩面前，陳、錢的看法達成了高度的一致，都不約而同地被末兩句牢牢地吸引住了。其實，還可以在唐詩中找到「山色」句的根源，而首兩句也生發了一些重彈老調的散文、散曲、竹枝詞。

「水光」一作「湖光」，「晴方好」一作「晴偏好」，「欲把」一作「若把」，「總相宜」一作「也相宜」，皆為陳、錢等諸家所不取，大有失傳於口碑的趨勢。

六、蘇軾〈惠崇春江晚景〉

竹外桃花三兩枝
春江水暖鴨先知
蔞蒿滿地蘆芽短
正是河豚欲上時

陳衍按：毛西河並此亦要批駁，豈真傖父至是哉！想亦口強耳。

錢鍾書按：這首詩前三句寫惠崇畫裏的事物，末句寫蘇軾心裏的想像。

林趕秋按：該詩題錢氏引作〈惠崇春江曉景〉，末句談到烹飪「河豚」，似以「晚景」為勝。這四句恐怕是題（國）畫詩中最膾炙人口的佳構傑作，簡直把平面的原畫寫活了。

七、秦觀〈春雨〉

一夕輕雷落萬絲
霽光浮瓦碧參差
有情芍藥含春淚
無力薔薇臥曉枝

陳衍按：遺山譏「有情」二語為女郎詩。詩者，勞人思婦公共之言，豈能有雅頌而無國風，絕不許女郎作詩耶！

錢鍾書按：這兩句寫一宵雷雨之後花草的姿態，「春淚」指未乾的雨點。

　　林趕秋按：陳、錢皆選〈春日〉作詩題，不妥，此詩句句無雨字，卻句句有雨在，第一、三句可以不論，第二句是寫「瓦」上宿雨在日「光」下蒸發而上「浮」，第四句與第三句互文見義，也包括「無力薔薇含春淚」的意思。

　　沾有春雨的花草正適宜挪用「女郎」的柔美姿態相比擬，元好問的〈論詩〉第二十四首未免太過有力無情。然而，我們也不能全怪他，他的這種看法是有師承的，其《中州集》卷九〈擬栩先生王中立傳〉曰：「予嘗從先生學，問作詩究竟當如何？先生舉秦少游〈春雨〉詩云『有情芍藥含春淚／無力薔薇臥晚枝』，此詩非不工，若以退之『芭蕉葉大梔子肥』之句較之，則〈春雨〉為婦人語矣。」而王中立恐怕又受了南宋人敖陶孫所謂「秦少游如時女步春，終傷婉弱」（出處見《選注》第123頁注6）的影響。

八、黃庭堅〈病起荊江亭即事〉

翰墨場中老伏波
菩提坊裏病維摩
近人積水無鷗鷺
時有歸牛浮鼻過

　　陳衍按：興會之作。
　　錢鍾書按：這是……黃庭堅貶斥在湖北江陵時所作。……（前）兩句說自己是位文壇老將，也像個寺院裏的病和尚。……（後）兩句說住處很逼仄，沒有風景。

　　林趕秋按：「興會」猶言「即興」，與「即事」似二實一，陳衍說了等於沒說。

　　前兩句虛，後兩句實，承接得稍嫌生硬了一些。如果「浮鼻」這個意象也是「老」、「病」的象徵，那麼前後就有了詩意上的緊密聯繫。俗話用「土都埋到鼻孔底下了」形容人之將死，可與「浮鼻」連類。貶謫再加老病，黃庭堅自然要萌生如此悲觀的興會。錢氏所謂「住處很逼仄，沒有風景」，恕我不敢苟同。

九、陳師道〈春懷示鄰里〉

斷牆着雨蝸成字
老屋無僧燕作家
剩欲出門追語笑
卻嫌歸鬢着塵沙
風翻蛛網開三面
雷動蜂窠趁兩衙
屢失南鄰春事約
只今容有未開花

　　陳衍按：此詩另是一種結構，似兩絕句接成一律。

　　錢鍾書按：第一聯形容自己寓處的破爛；第二聯說外面土大，所以懶得出去跟街坊應酬；第三聯寫春氣和暖中的物態；第七八句說也許鄰家園裏的花還有沒開過的，涵意是看見春色那樣暄妍，也靜極思動，想出門看花了。

　　林趕秋按：「似兩絕句接成一律」這種結構恰好能表達那種「靜極思動」的思想矛盾。

　　陳本「着塵沙」作「逐塵沙」，逐不但跟「追」意義重複，還誤把「鬢」上撲上「塵沙」這個被動行為置換成了主動行為。錢本「着雨」應從陳本改作「著雨」，方能勉強避免與「着塵沙」之着衝突。

十、陸游〈沈園〉

　　夢斷香銷四十年
　　沈園柳老不吹綿
　　此身行作稽山土
　　猶吊遺蹤一泫然

　　陳衍按：無此絕等傷心之事，亦無此絕等傷心之詩。就百年論，誰願有此事？就千秋論，不可無此詩。

　　錢鍾書按：這時候陸游七十五歲。「病骨未為山下土，尚尋遺墨話興亡！」是北宋李邦直題《江幹初雪圖》的名句……，陸遊多次用這個意思。

　　林趕秋按：「傷心之詩」云云可參看錢氏《七綴集・詩可以怨》，說「絕等傷心」不過是文人的酸氣在作祟罷了，最愛已逝而自己苟活，「傷心」未免有點虛偽。或許可以拿林語堂《京華煙雲》的話來問一下：「你們男人怪得很。女人愛男人時把她逼死，然後再哭她。哭有什麼用？人死還能還陽嗎？」

　　錢本「飛綿」不如陳本「吹綿」蘊藉，「吹」既隱含著風，又呼應著「夢斷香銷」，彷彿這陰陽懸隔的「四十年」也被無情之風吹走，徒留「沈園」裏的「遺蹤」可供陸游流淚相「吊」了。從《劍南詩稿》「禹跡寺南有沈氏小園」、「夢遊沈氏園

亭」等題看來，沈園可謂陸游最重要的靈感源之一，猶如當代臺灣詩人的大陸情結。

易安體

　　查《宋史・藝文志》可知，李清照（1084-1155）原有《易安詞》六卷傳世。而保留至今的詞卻只有七十八首，其中三十九首是否李作還有爭議。如果我們僅僅根據這幾十首甚至就那幾首耳熟能詳的詞作就得出「李清照一掃詞壇工詞藻重典故之風，她極少甚或根本不用典」（翟永明語）的結論，哪怕是比較而言，也是一種誤解。還有一種誤解認為李只寫婉約詞，殊不知她也有豪放詞，如〈漁家傲〉（天接雲濤連曉霧）即是。

　　嚴格說來，只有與李同時代的宋人才有較為正確的評價，因為他們至少能看見更多的李作。如同樣跨越了北宋和南宋的文藝評論家王灼（1105-1175），在其名著《碧雞漫志》卷二〈易安居士詞〉一文中曾這樣論道：

　　　　易安居士，京東路提刑李格非文叔之女，建康守趙明誠德甫之妻。自少年便有詩名，才力華贍，逼近前輩，在士大夫中已不多得。若本朝婦人，當推詞采第一。……作長短句能曲折盡人意，輕巧尖新，姿態百出，閭巷荒淫之語，肆意落筆，自古搢紳之家能文婦女未見如此無顧忌也。陳後主遊宴，使女學士狎客賦詩相贈答，採其尤豔麗者被以新聲，不過「璧月夜夜滿，瓊樹朝朝新」等語。李戡嘗痛元白詩纖豔不逞，非莊士雅人，多為其破壞，流於民間，子父女母，交口教授，淫言媟語，冬寒夏熱，入人

肌骨,不可除去。二公集尚存,可考也。元與白書,自謂
近世婦人,暈淡眉目,縮約頭鬢,衣服修廣之度,及匹配
色澤,尤劇怪豔,因為豔詩百餘首。今集中不載。元〈會
真詩〉,白〈夢遊春詩〉,所謂纖豔不逞,淫言媟語,止
此耳。溫飛卿號多作側辭豔曲,其甚者:「合歡桃葉終堪
恨,里許元來別有人」,「玲瓏骰子安紅豆,入骨相思知
不知」。亦止此耳。今之士大夫學曹組諸人鄙穢歌詞,則
為豔麗如陳之女學士狎客,為纖豔不逞淫言媟語如元白,
為側詞豔曲如溫飛卿,皆不敢也。其風至閨房發女,誇張
筆墨,無所羞畏,殆不可使李戡見也。

　　說李詞「能曲折盡人意,輕巧尖新,姿態百出,閭巷荒淫之
語,肆意落筆,自古搢紳之家能文婦女未見如此無顧忌也」,雖
然語帶貶義,但卻指出了李作的特點,換用宋人張端義的話說就
是「以尋常語度入音律」,換用宋人黃庭堅(山谷)的話說就是
「以俗為雅」。例如〈聲聲慢〉「守著窗兒/獨自怎生得黑」、
「這次第/怎一個愁字了得」,都是用「淺俗之語發清新之思」
(清彭孫遹《金粟詞話》)。但像〈聲聲慢〉這樣全盤白描的
口語詞在李作中是極個別的例子,大多數佳作是能兼顧運用雅
典和俗語的,比如〈念奴嬌〉(蕭條庭院)、〈永遇樂〉(落日
熔金)、〈醉花陰〉(薄霧濃雲愁永晝)、〈鳳凰臺上憶吹簫〉
(香冷金猊)等等。所以,明人楊慎《詞品》認為:「山谷所謂
『以故為新,以俗為雅』者,易安先得之矣。」可謂一語中的、
一針見血。
　　再看李清照自己的〈詞論〉,全文如下:

樂府聲詩並著，最盛於唐。開元、天寶間，有李八郎者，能歌擅天下。時新及第進士開宴曲江，榜中一名士先召李，使易服、隱姓名，衣冠故敝，精神慘沮，與同之宴所。曰：「表弟願與坐末。」眾皆不顧。既酒行樂作，歌者進，時曹元謙、念奴為冠。歌罷，眾皆咨嗟稱賞。名士忽指李曰：「請表弟歌。」眾皆哂，或有怒者。及轉喉發聲，歌一曲，眾皆泣下。羅拜，曰：「此李八郎也。」自後鄭衛之聲日熾，流靡之變日煩，已有〈菩薩蠻〉、〈春光好〉、〈莎雞子〉、〈更漏子〉、〈浣溪紗〉、〈夢江南〉、〈漁父〉等詞，不可遍舉。五代干戈，四海瓜分豆剖，斯文道熄。獨江南李氏君臣尚文雅，故有「小樓吹徹玉笙寒」、「吹皺一池春水」之詞。語雖奇甚，所謂「亡國之音哀以思」者也！逮至本朝，禮樂文武大備，又涵養百餘年，始有柳屯田永者變舊聲作新聲，出《樂章集》，大得聲稱於世。雖協音律，而詞語塵下。又有張子野、宋子京兄弟、沈唐、元絳、晁次膺輩繼出，雖時時有妙語，而破碎何足名家。至晏元獻、歐陽永叔、蘇子瞻，學際天人，作為小歌詞，直如酌蠡水於大海，然皆句讀不葺之詩爾，又往往不協音律者，何耶？蓋詩文分平側，而歌詞分五音，又分五聲，又分六律，又分清濁輕重。且如近世所謂〈聲聲慢〉、〈雨中花〉、〈喜遷鶯〉，既押平聲韻，又押入聲韻；〈玉樓春〉本押平聲韻，又押上、去聲，又押入聲。本押仄聲韻，如押上聲則協；如押入聲，則不可歌矣。王介甫、曾子固文章似西漢，若作一小歌詞，則人必絕倒，不可讀也。乃知詞別是一家，知之者少。後晏叔原、賀方回、秦少游、黃魯直出，始能知之。又晏苦無鋪

敘；賀苦少典重；秦則專主情致，而少故實，譬如貧家美女，雖極妍麗豐逸，而終乏富貴態；黃即尚故實，而多疵病，譬如良玉有瑕，價自減半矣。

李清照總結了前輩詞人創作上的優缺點，並指出了詞作為一種獨立的文學體裁的特點及創作標準。她認為，詞之區別於詩，在思想內容、藝術風格、表現形式等方面都應保持自己的特色，其中包括文雅典重（李清照批評柳永詞「雖協音律，而詞語塵下」，不滿賀鑄詞「少典重」，她自有衡量雅俗的尺規，主張作詞應像南唐君臣那樣「尚文雅」）、崇尚故實（故實包括掌故、史實、成語等等，運用得當可以充實作品的內涵，增加作品的雅致和張力，李清照批評秦觀「少故實」，而黃庭堅「尚故實，而多疵病」）等等。

宋人如侯寘、辛棄疾等人將這種兼顧「以故為新，以俗為雅」（梅聖俞首倡之，黃山谷襲用之）而成功的李詞詞風稱為「易安體」或「李易安體」，並爭相仿效之。其實在詞中運用俚詞口語並非李清照的獨創，遠的不說，就連被她點名批判的歐陽永叔歐陽修，也曾寫過「都來些子事／更與何人說」、「不知不覺上心頭／悄一霎／身心頓也沒處頓」之類，而且包含這些句子的整首詞也不失為「以故為新，以俗為雅」的範例，只是比李詞略遜一籌罷了。

夸齊莫多與惠施的異代共鳴

　　義大利詩人夸齊莫多（1901-1968）有一首名為〈瞬息間夜晚降臨〉的詩，全文如下：

> 每個人都孤獨地站在
> 地球的中心
> 一線陽光
> 透過他的全身
> 瞬息間
> 夜晚降臨

　　其中的哲理意味瞬間激起了我的聯想，讓我驚奇地發現：這五句完全是對戰國哲學家惠施（西元前390-317）所謂「日方中方睨，物方生方死。……我知天下之中央，燕之北、越之南是也」的翻版和改寫啊！

　　司馬彪（？-306）曾經這樣注解道：「燕之雲越有數，而南北之遠無窮，由無窮觀有數，則燕越之間未始有分也。天下無分，故所在為中；循環無端，故所在為始也。」

　　家鉉翁（1213-？）也認為：「中有定名而無定位」，「隨地而各不同」。例如：希臘神話說，天帝宙斯為了確定大地的中心，從東西兩端放飛兩隻神鷹，神鷹相向翱翔，最後在德爾菲相會。宙斯遂斷定德爾菲是大地的中心，並立下一粒圓形石頭作

為標誌。這粒石頭叫OMFALOS，意為肚臍，德爾菲從此得到了一個「大地的肚臍」的雅號。而我國古代卻以「崑崙為天地之臍」，齊通臍。據《水經》說，崑崙在中國西北方，距嵩山五萬里，高一萬一千里，正是「地之中也」。

王先謙（1842-1917）亦云：「此擬地球中懸，陸路可達，故燕北即是越南。」

所謂「天下之中央」就是「地之中」、「地球的中心」，具體位置就在北方的北方（燕之北）和南方的南方（越之南）之間。正如一個無端的圓環（圈），它的每一點都是起點，選定一點之後，才能分出南北。我們假設地球是由無數個經線圈和緯線圈交織而成的，那麼我們所站的任意一個地方都是經緯交叉之點，也都在南北之間。於是，「每個人都孤獨地站在／地球的中心」這個說法就順理成章了。

「日方中方睨，物方生方死」，從思辯上講，晝夜也是互相包孕的，其交替也是在瞬間完成的，所以《莊子‧齊物論》要說「日夜相代乎前，而莫知其所萌」。撇開文學創意不說，在現實之中，當一個人站在地球的一點（這一點也是地球的中心）之上，「一線陽光／透過他的全身／瞬息間／夜晚降臨」也是極有可能的，只要彼時彼刻剛好處於晝與夜的臨界點之上。

第四日

語言篇

偷語

著名學者、作家顧炎武曾經指出：「怪力亂神之事、無稽之言、剿襲之說、諛佞之文」是文壇四害，「若此者，有損於己，無益於人，多一篇多一篇之損矣」！若以我的偏見來看，「剿襲之說」當是害中之尤。

剿襲，俗稱為抄襲，民法學術語則謂之剽竊，其實都是一個意思。但要去界定它，卻煞費周章。因為我國向來就有點石頭成金子、化腐朽為神奇的作文秘訣，抄得巧妙可以叫點化（參見《濠南詩話》對黃庭堅的批評），或者像陽貨貌似孔子，前後不謀而合，那只能算巧合。開明地講，這都無可厚非：關於前者，劉知幾已說過「述者相效，自古而然，若不仰範前賢，何以貽厥後來」；關於後者，吳喬已說過「詩貴見自心耳，偶同前人何害」。所以，本文先放過這兩類疑似抄襲（偷義、偷勢），單表那種「一字不異」的強盜式抄襲（偷語）。

若論強盜式抄襲，也有情節輕重之分，輕的例如平步青《霞外捃屑》卷六〈書名與古同〉：

> 士生後世，不特詩文撰述不能出古人範圍，見者每以為剿襲，即纂書命名亦多重複。如揚子雲纂《法言》，取《論語》「法語之言」以擬《論語》，而《莊子‧人間世》已有「古（一本作「故」──趨秋按）《法言》曰」，注：「古書名。」洪景盧纂《夷堅志》，取《莊子》（蓋《列子》之誤──趨秋按）「夷堅

聞而志之」語，而唐吳融《冤債志》「許客還債」條已引「《夷堅志》曰」。……顧氏《日知錄》前已有絳州黨冰壑（成——原注）《日知錄》。……李匡乂（「乂」當作「文」——趕秋按）《資暇錄》後又有（此處缺三字——趕秋按）之《資暇錄》。

再如錢大昕《十駕齋養新錄》卷十六〈陋室銘〉：

崔沔嘗作〈陋室銘〉，在劉禹錫之前；李德裕有〈秋聲賦〉，在歐陽公之前。梁元帝《金樓子》有一條云：桓譚有《新論》，華譚又有《新論》；揚雄有《太元（避康熙皇帝諱改玄為元，下同——趕秋按）經》，楊泉又有《太元經》。

有人也許會認為這些並不算抄襲，如錢鍾書先生，就不避頂冒古人牌子的嫌疑，把自己的書也命名為《談藝錄》、《也是集》，還調侃「世界雖然據說愈來愈縮小，想還未必容不下兩本同名的書」（鍾書先生的本家錢大昕則反是，其自編《竹汀居士年譜》「年五十五歲」條下其曾孫慶曾案曰「《金石後錄》後更名《金石文字目錄》，因前人已有之也」）。我卻不這麼樂觀，漢語如此豐富多彩，何必要蹈襲前輩呢？即使你跟古人「心有靈犀」、「所見略同」，也應該避嫌呀。一旦書名重複過多，不說大的亂子，就連普通的稱引也會變得麻煩。

如果盜名仍不算剿襲，那麼整段整篇的照搬照抄總算情節嚴重了吧。例如段成式《酉陽雜俎》前集卷十二〈語資〉：

魏肇師曰：「古人托曲者多矣，然〈鸚鵡賦〉禰衡、潘尼二集並載，〈弈賦〉曹植、左思之言正同，古人用意何至於

此?」君房曰:「詞人自是好相採取,一字不異,良是後人莫辨。」魏尉瑾曰:「〈九錫〉或稱王粲,〈六代〉亦言曹植。」

又如文瑩《玉壺清話》卷七:

> 李度顯德中舉進士,工詩,有「醉輕浮世事╱老重故鄉人」之句,人多誦之(誦一作稱──吳翌鳳、鮑廷博等注)。王樸為樞密,止以此一聯薦(薦字原脫,據薛居正《舊五代史‧申文炳傳》引《玉壺清話》、《宋史‧文苑傳》補──趙秋按)於申文炳知舉,遂擢為第三,人嘲曰:「主司只誦一聯詩。」

再如周密《武林舊事》卷七〈乾淳奉親〉:

> 是日,知閣張掄進〈壺中天慢〉云:「洞天深處,賞嬌紅輕玉,高張雲幕,國豔天香相競秀。瓊苑風光如昨,露洗妖妍(陳刻「嬈」──原注),風傳馥郁,雲雨巫山約。春濃如酒,五雲台榭樓閣。聖代道洽功成,一塵不動,四境無鳴柝。屢有豐年天助順,基業增隆山嶽。兩世明君,千秋萬歲,永享升平樂。東皇呈瑞,更無一片花落。」賜金杯盤、法錦等物。(此詞或謂是康伯可所賦,張掄以為己作。──原注)

真是大膽到恬不知恥了,竟然敢在皇帝老兒面前剽竊他人之作,還受賞不慚。梁代徐君房認為這是文人的脾氣,所謂「好相採取」,積習畢竟難改啊!

漢語語境裏的鬼魂

　　除了甲金文，鬼這個字較早出現在《周易・睽》中：「睽孤見豕負塗，載鬼一車，先張之弧，後說之弧，匪寇，婚媾。」高亨注：「爻辭所言乃一古代故事。有一睽孤（離家在外之孤子）夜行，見豕伏於道中，更有一車，眾鬼乘之。睽孤先開其弓欲射之，後放下其弓而不射。蓋詳察之，非鬼也，乃人也；非寇賊也，乃婚姻也。」此種說法很有情節感，但有人卻認為這裏的鬼指古代方國「鬼方」之人。

　　《論語》、《中庸》有孔子曰「非其鬼而祭之」、「敬鬼神而遠之」、「鬼神之為德」諸語，《墨子》有〈明鬼〉等篇。《禮記・祭法》解釋道：「山林、川穀、丘陵能出雲為風雨，見怪物，皆曰神。……人死，曰鬼。」〈郊特牲〉篇云：「魂氣歸於天，形魄歸於地。」這個魂氣即〈禮運〉篇之「知氣」，其實就是鬼。

　　非正常死亡而成的鬼常會「行病祟人」（《淮南子・俶真》高誘注），所謂「匹夫匹婦強死，其魂魄猶能馮依於人以為淫厲」（《左傳》子產語）、「身既死兮神以靈，魂魄毅兮為鬼雄」（屈原《國殤》）、「傷死者，其鬼嬈」（《淮南子・俶真》），一旦「鬼有所歸，乃不為厲」（《左傳》子產語）。

　　睡虎地秦簡〈為吏之道〉云：「以此為人君則鬼，為人臣則忠」。這個鬼當讀若懷，表達一種人君對人臣的仁愛態度。

　　《論衡·論死》說：「人死，精神升天，骸骨歸土，故謂之鬼，鬼者歸也。」此處「鬼」指的是魂（精神）飛骨埋這種生命的終結狀態，而作為名詞的「鬼」則是對「升天」之「精神」的專稱，其反證即〈訂鬼〉篇「凡天地之間有鬼，非人死精神為之也，皆人思念存想之所致也」云云。王充時而否定鬼的存在，時而又承認：「鬼，陽氣也，時藏時見。」既然鬼是一種氣體，就不必非要存身於三維空間（人間）之外的異度空間（天堂、地獄）之中了。

　　美國麻省的鄧肯·麥克唐蓋爾醫生於1907年4月發表在《美國醫學》雜誌上的文章〈關於靈魂是物質的假說並用實驗證明靈魂物質的存在〉也認為：靈魂是比空氣輕的物質，所以人死後，靈魂是向上飄的。這個靈魂就是我們津津樂道的鬼。

卵有毛

　　語言是一個廣大悉備的容器，世界本身就體現在其中，所以海涅〈論德國宗教和哲學的歷史〉說「世界是語言的符號」。而「通過選擇形象鮮明的語言，通過將印象與情感聯繫起來，或者將情感與印象聯繫起來，詩歌可能比其他的語言更接近事物的實質。因此，我們不能確切地說出一首詩的含義，或者完整準確地翻譯它，就像不能準確地描述梨子的味道，或者說出皮膚接觸桃子皮時的感覺。」（Irwin Edman《藝術與人》）尤其重要的是，隨著時間的流逝，詩歌中的許多東西如與當時情況有關的思想和語法、對事件和人物的影射等等都不為我們所理解了。即便是淵博的注釋也決不能使後代感到一切都明白而生動，如同當時的人所感到的一樣。

　　在一首確定不了達詁的詩裏，絕大多數的意象無疑都會程度不同地呈現出多向性，這是語言的模糊性導致的詩義的延伸與歧解。當詩人創造出一個意象之際，此意象在詩人心目中可能只隱含著一種特定的經驗，但由於語言本身能指的轉換功能以及意象和多種經驗的暗通性，讀者便很容易想像出完全超乎詩人意料的許多個意指（粗略可以分為Literal Meaning與Metaphor Meaning，前者在「句下」，後者在「弦外」），譬如李商隱的代表作〈錦瑟〉。說白了，意象的多向性完全導源於語言的多義性。

　　如果我們以詞為單位，臚列一些實例，那興許是一件饒有趣味的事。「國風」之「風」一名三訓，〈乾鑿度〉「易一名而含

三義」，《毛詩正義》「詩有三訓」，《論語義疏》「倫」有四解，《春秋繁露》「合此五科以一言，謂之王」，這些例子足夠國民徵引來反諷黑格爾的無知與自戀。在黑格爾看來，德語在哲學上頗能「冥契道妙」，這種優越性典型地見之於Aufheben這個富於變化的詞，它既意味著「保留」，又蘊含著「揚棄」，既蘊含著「將要是」，又意味著「不再是」，黑格爾為這「一個詞具有兩個相反的意思」而盲目地驕傲，認為就連「拉丁文中亦無義蘊深富爾許者」（參看商務印書館1981年版阿爾森·古留加著、賈澤林等譯《康得傳》第132頁第二段及其註腳和第226頁第三段）。這好笑的姿態讓人想到卡爾維諾，他曾在哈佛學子們面前大言不慚：「義大利語中『含糊』也意味著優美、有吸引力。我覺得這恐怕是世界各國語言中獨一無二的。『Vago』這個詞在拉丁語裏意義是『漫遊』，有行止不定的意思，到義大利語中卻既與不肯定、不明確聯繫在一起，又與美麗、愉快聯繫在一起。」可惜啊，他不知道中文裏就有一個類似的詞藻──「朦朧」。其實，「相反的意思從屬於同一名稱」的特殊情形並不獨一無二地被某一種語言所壟斷。西塞羅用拉丁文tollendum，就曾兼取「抬舉」與「遺棄」兩層意思。斯蒂芬·烏爾曼還提到過拉丁文sacer和法文sacre，這兩個詞都既意味著「神聖的」又蘊含著「受過詛咒的」之義。佛洛伊德也曾論及「原始文字的兩歧之意」（antithetical sense of primal words），並談到「中國的語言和文字是最古老的。……確有許多不確定性，足以使人吃驚」，進而深信這一不確定性乃是「各種原始的文字語言的通性」（詳見《精神分析引論》第十一、十五講）。李約瑟進而認為：「中國字的定義往往甚至比歐洲字的定義更不確切」。嚴復又指出希臘文「邏各斯」亦是「一名兼二義，在心之意、出口之詞皆以此名。引而

申之，則為論為學；……精而微之，則吾生最貴之一物亦名邏各斯，此如佛氏所舉之阿德門、基督教所稱之靈魂、老子所謂道、孟子所謂性皆此物也」。諸如此類，不勝枚舉！

　　然而，在實際的語境中，即使不出現這類雙重含義的詞，「我們的書面言語也含有大量多餘資訊。當我們希望在脫離語境的情況下只用言語遠距離傳遞資訊時，這種資訊的多餘是有價值的，這也是常見的情況」（艾德蒙・R・利奇〈從概念及社會的發展看人的儀式化〉）。相對而言，在近距離面談或閱讀文字的過程中，語義的「信號愈簡單就愈不會發生錯誤，建造一個回應信號的接受者也愈容易」（Lorenz Konrad《攻擊與人性》）。比如在一首具體的詩內，詞的多義性往往要在主觀的排查下趨於單義性，讀者才有可能獲得更多更定性的意象之意，儘管這與萊奧帕馬迪的觀點(語言越含糊、越不清楚，便越有詩意)、歌德的主張（釋文不啻取原文而代之，箋者所用字一一抵消作者所用字）難免會發生衝突。誠如語言學家王力所指出的那樣：「如果某字在《詩經》這一句有這個意義，在《詩經》別的地方沒有這個意義，在春秋時代（乃至戰國時代）各書中沒有這個意義，那麼這個意義就是不可靠的。個人不能創造語言，創造了說出來人家聽不懂，所以要注意語言的社會性。」顯然，語言的多義性註定要在社會性的許可下選擇保守（單義）或者賡揚（多義）了。

　　剛結束以上論述之後，我追憶起了《莊子》所載曾舌戰惠施的辯者的一個觀點：「卵有毛」。雞是有毛的，然而雞是由卵所孵化的，如果卵中不含有雞形，不是有毛之卵，就不能成為有毛之雞。也即是說：雞固然有毛，但卵中孕有雞形，故卵亦有毛。用羅素《西方的智慧・雅典》的話來講就是：「亞里斯多德會說，橡果潛在地包含著橡樹，至於長成大樹，則是由於有實現

自我的傾向」；用今天的哲學語言來講就是：同一事物（無毛的卵）本身包含著差異（有毛的因素），或不同的事物（卵和雞）有相同的一面。倘若要偷懶取巧，這不正是意象多向性與語言多義性的一個綜合型象徵嗎？

行囊詞

　　《管錐編》第一則名為「一字多意之同時合用」（此題為周振甫所加，不夠準確），是錢鍾書讀《周易正義·論易之三名》所申發出來的一篇箚記。簡而言之，這篇箚記主要是站在漢字的立場上講述了中外詞章所常見的「一詞多義」現象。

　　據錢先生的總結和網友的提醒，「一詞多義」（錢謂之「一字多意」）或者說「多義詞」至少可以分成三種：第一種是「並行分訓」之詞，如《論語》「空空如也」之「空」，可訓為「虛無」，也可以解釋為「誠慤」，兩意不同但並行不悖；第二種是「背出或歧出分訓」之詞，如《墨子》「已：成，亡」，兩意相反；第三種是「行囊詞」（portmanteau words，又稱「混成詞」），如《浮士德》「Wechseldauer」，是歌德用「Wechsel」（變）、「Dauer」（常）這兩個反義詞拼合而成。

　　錢鍾書緊接著「Wechseldauer」之例後說：「苟求漢文一字當之，則鄭玄所贊『變易』而『不易』之『易』，庶幾其可。」措辭可謂謹慎，並未強媒硬配說「易」是漢語中的行囊詞。此處中外相提並論是站在同一個比較面上的，即錢所謂「語出雙關，文蘊兩意，乃詼諧之慣事，固詞章所優為，義理亦有之。」這句話剛好也是《管錐編》第一則的中心思想。其實若據《說文解字》引《秘書》「日月為『易』，象陰陽也」，說「易」是漢語中的行囊詞也一點不錯。

　　西方使用行囊詞原先是出於幽默或心血來潮時的插科打諢（故曰「乃詼諧之慣事」），以剪綴詞頭、詞尾加以粘合或直接拼湊兩個單詞來取悅讀者或聽眾。後來才發現這樣構詞很有實用價值，特別是近二十年來在科技、新聞和廣告英語中越來越流行。漢語裏面的行囊詞也不少，比如「乾坤」、「高下」、「鬆緊」（即鬆緊帶，犍為話謂之「緊鬆」），簡直不一而足。當然如果非要像西文那樣將「二字鎔為一字」的話，在漢語裏尋找行囊詞就稍微難了一點，但也不是沒有，例如「尖」等等。

偶像篇

樂山大佛的美學特徵

（上）和諧性、鎮寺佛

西周幽王的太史伯曾經指出：「聲一無聽，物一無文」。波里克勒特〈論法規〉如此轉述畢達哥拉斯學派的學說：「音樂是對立因素的和諧的統一，把雜多導致統一，把不協調導致協調。」古希臘哲學家赫拉克利特也講：「自然是由聯合對立物造成最初的和諧，而不是由聯合同類的東西。藝術也是這樣造成和諧的，顯然是由於模仿自然。繪畫在畫面上混合著白色和黑色、黃色和紅色的部分，從而造成與原物相似的形相。音樂混合不同音調的高音和低音、長音和短音，從而造成一個和諧的曲調。」用《文心雕龍·聲律》的話來總結，就是：「異音相從謂之和。」其實，不僅是平面的、抽象的藝術作品是由聯合非同類的元素而造成和諧的，就連建築這種立體的、具象的技術作品也概莫能外。當然，建築又不僅僅是單純的技術作品，「而往往又是帶有或多或少（有時極高度的）藝術性的綜合體」（梁思成語）。我國古代的寺廟建築也是如此。明人袁中道在萬曆三十八年（1610）的日記裏寫道：

> 還過觀音寺，塔下有老僧，邀入吃茶，云：「寺如舟，塔如帆，須得一丈六金身佛鎮之。不然，載輕舟疾，難安眾

　　僧矣！」（《游居柿錄》卷四。參看陸游《凌雲禮佛》詩
　　「始知神力無窮盡／丈六金身小果身」）

　　這個無名老僧雖然晚於赫拉克利特，但他的美學思想絲毫不
遜於後者。赫拉克利特認為世界上「一切皆流，無物常住」（參
看司馬承禎〈胎息精微論〉「意如流水」及其夾註「前波已去，
而後波續處不返也」、《雲笈七籤》卷五八〈諸家氣法部・胎息
雜訣〉「意如流水，前波已去，後浪續起」、趙岐《孟子章指》
「萬物皆流，而金石獨止」），善於從對立物的鬥爭以及由此引
起的事物的發展變化中去探討美的本質。而這個僧人也把靜態的
建築看成動態之物，認為寺、塔必須聯合佛這個對立物才能達到
全局的穩定，一個「鎮」字隱含著對立物的鬥爭，一個「安」字
概括了由此引起的事物的發展變化及其結果──和諧，諸如此類
已朦朧地觸及了建築美的精髓。這對我們考察樂山大佛的美學特
徵不失為一個極大的啟發、一個精確的參照。
　　樂山大佛是凌雲寺的一大組成部分，位置與作用剛好相當
於上文觀音寺的丈六金身佛，所以我曾在引用了袁氏的日記後
論道：

　　此亦樂山凌雲寺之規模，而佛高廿丈有餘，蓋「舟」廣
　　「帆」高故也。若然，該大彌勒石像不僅為鎮水壓怪而造
　　已。（《內遊記》仲秋紀〈伽藍規模〉）

　　若以明朝老僧的話類推，樂山大佛首先也應該是一座鎮寺
佛。從江上正面遠觀，它與凌雲寺、凌雲塔有機地融為一體，與
整座凌雲山的自然環境和諧共處，體現了天人合一的古典美學思

想。從江上正面近視，樂山大佛與其兩側的力士像構成了一組對稱的排列（魯道夫・阿恩海姆《藝術與知視覺》：「一個對稱的形象看上去更加『堅固』和更加『穩定』」），力士像窟的弱小襯托出大佛的高大與重要。從大佛頭頂之空中俯瞰，大佛可被縮短成一個正方形投影（如《藝術與知視覺》圖90所示），投影所再現的佛像在圖畫中展示出極大的穩定性。諸如此類，加強了佛教聖地莊嚴壯麗、不可動搖又不容侵犯的氛圍。

不啻如此，凌雲塔的建造年代也可從老僧的話中參出一點端倪。凌雲塔位於大佛右手邊的靈寶峰頂，故又名靈寶塔，傳為唐朝所建。明嘉靖十三年（1534）培修碑記只說：

> 建自先代，其來遠矣。

並未指明具體時間，但在第三層塔門洞頂上有唐光化年間（898-900）渭南賀禹誠的墨字（四川人民出版社1988年版遍能《凌雲烏尤史略》第22頁），據此可證該塔的落成至少不會晚於光化年間。假定跟觀音寺的建造順序一致，那麼凌雲寺則早於凌雲塔，凌雲塔則早於大佛，好比先造舟後建帆再鎮之以錨，大佛就是這個錨。

（下）象徵性、鎮水佛

如同我國語言藝術所常用的「托物言志」、「寓言於物」的象徵手法一樣，中國古代雕塑藝術繼承了這一美學傳統和風格，「所以一個雕像應該通過形式表現心理活動」（蘇格拉底語）。

形式（das Bild）即「象」，心理活動（觀念）即「意」，兩者可以通過作者的雕造結成一個美好的「意象」，因此克萊夫・貝爾要說「一切視覺藝術的共同性質」是「有意味的形式」，而我曾稱樂山大佛為「摩訶意象」。

不像東漢的李冰圓雕石像上刻有「鎮水萬世」（原文是「鎮」的通假字。楊泉《物理論》云「土精為石」，《雲笈七籤》卷六四〈金丹訣部・金華玉女說丹經〉曰「土之精生石」，又水以土克，石自然也有鎮水作用，清劉獻廷《廣陽雜記》卷二「維揚禹王廟中有巨石一塊埋土中，名曰浮山，相傳神禹以此石鎮海眼者」即其顯例）的銘記，樂山大佛本身尚未找到（或者壓根就沒有）任何這類說明文字，它所表現或象徵的意味或心理活動究竟是什麼呢？清人王培荀一再地強調：

> 唐時，僧海通就山鑿大佛像三百尺，以鎮三江之沖。
> 鎮水金身三百尺……（《聽雨樓隨筆》卷六）

也是把大佛當作鎮水佛來看待的，這興許淵源於大佛雕造組織者之一的唐人韋皋的〈嘉州凌雲寺大彌勒石像記〉：

> 在昔岷江，沒日漂山，……舟隨波去，人亦不存。惟蜀雄都，控引吳楚，建茲渝溺，日月續及。開元初，有沙門海通者哀此習險，厥惟天難，剋其能仁，迴彼造物。……由是崇未來因，作彌勒像，俾前劫後劫修之無窮。（文據干樹德《樂山大佛史跡考辨》，樂山市社科聯、樂山社科分院1994年發行，第110頁，標點為筆者所加。參觀四川文藝出版社1986年版樂山市群眾藝術館、中國民間文藝研究會

樂山支會編《樂山風物傳說‧樂山大佛》）

　　當代學者還結合古蜀的大石文化進一步闡述：樂山大佛雖是佛教藝術的表徵，但以石神鎮水的基本精神卻與李冰像一脈相承，它反映了外來宗教跟當地原始信仰的協合（巴蜀書社1990年版羅開玉《中國科學神話宗教的協合——以李冰為中心》第60頁）。

　　然而，僅僅以鎮水為造佛的終極目標是遠遠不夠說服力的。輓近有論者已經辯證：「海通到江淮募化，與造大佛的宗旨有關。後世之人多說是為了鎮壓水怪，疏浚河道避免凌雲山下的江河破壞舟船。若以此旨去說動江淮的施主是無力的，因為嘉州的江水損壞舟船，而長江之水險患之多，嘉州的水難與江淮何干！所以海通在江淮募化的綱領，仍然是以擁有兜率淨土，既是菩薩又是佛的彌勒為旗幟，只有這樣才能打動在盛世之下希望長生富貴、死後飛升佛國天堂的信徒。再則，彌勒信仰從晉時起，在長江下游一帶直至唐時是長盛不衰的，前引浙江剡溪大佛就是彌勒佛，這說明江淮一帶彌勒信仰的深厚群眾基礎。」（巴蜀書社2002年版羅孟鼎《世界關注樂山大佛》第70頁。參看中華書局1983年版《湯用彤學術論文集》第51頁〈評《唐中期淨土教》〉：「中唐以前，彌勒似猶見奉行」、「士大夫根本之所以信佛，即在作來生之計，淨土之發達以至於獨佔中華之釋氏信仰者蓋在於此」）由此我們不難想起普列漢諾夫《沒有地址的信》中的一句名言：「任何一個民族的藝術都是由她的心理決定的，她的心理是由她的境況所決定的。」樂山大佛自然亦不例外，其誕生也必將取決於特定的時代背景和心理背景。

　　或者我們可以下這樣一個斷語：鎮水是佛門獲取社會支援、群眾信仰的廣告策略，鎮寺則是寺廟建築本身的審美需求。如果偏執一端或只強調一方面，都不免會將大佛的藝術性和實用性弱化。再者，倚坐（又稱雙垂腿坐、善跏趺坐）、兩手撫膝的形象並非樂山大佛的獨創，鑿成於北齊時期的河南浚縣大佛像高20餘米，也是倚坐的彌勒佛，唐大曆六年（771）鑿造的四川龍泉驛山泉鄉彌勒佛亦為雙手撫膝，但樂山大佛遠比這些前輩出名，恐怕不僅僅是由於體型巨大的緣故，還得益於地利，突出而恰當的地理位置（實）使其將鎮寺和鎮水的雙重任務主要在精神領域（虛）內完成得淋漓盡致，又不露斧鑿痕、針線跡，好像戴著鐐銬跳舞，約束與重負不但沒有妨礙藝術性的發揮，反倒促進了和諧、象徵等美學底蘊最終的昇華。

李冰生日是趙昱誕辰的訛傳

　　李冰誕辰究竟為何年何月何日已無法從史書上得到證實，現在民間傳說他生於農曆六月二十四。如今每年這一天，都有數萬民眾從都江堰市四面八方趕往二王廟燒香祈福，俗稱「李冰生日」、「朝二王廟。」

　　然而察考古籍，這個傳說應該是張冠李戴之後形成的。

　　舊題唐柳宗元的《龍城錄》有〈趙昱斬蛟〉一篇，其文曰：

　　趙昱，字仲明，與兄冕俱隱青城山，後事道士李珏。隋末，煬帝知其賢，徵召不起，督讓益州太守臧膡強起，昱至京師，煬帝糜以上爵，不就，獨乞為蜀太守。帝從之，拜嘉州太守。時犍為澤中有老蛟，為害日久，截沒舟船，蜀江人患之。昱蒞政五月，有小吏告昱，令使人往青城山置藥，渡江溺使者，沒舟航七百艘。昱大怒，率甲士千人及州屬男子萬人夾江岸鼓噪，聲振天地。昱乃持刀沒水，頃，江水盡赤，石崖半崩，吼聲如雷。昱左手執蛟首，右手持刀，奮波而出，州人頂戴，事為神明。隋末大亂，潛亦隱去，不知所終。時嘉陵漲溢，水勢洶然，蜀人思昱。頃之，見昱青霧中騎白馬從數獵者見於波面，揚鞭而過。州人爭呼之，遂沒。眉山太守薦章，太宗文皇帝賜封神勇大將軍，廟食灌江口，歲時民疾病禱之無不應。上皇幸蜀，加封赤城王，又封顯應侯。昱斬蛟時年二十六。珏傳

仙去，亦封佑應保慈先生。（據《古今說部叢書》本，並
參照《古今圖書集成·神異典》卷三九所引校改數字。
《三教源流搜神大全》、明萬曆《嘉定州志》、清同治《嘉
定府志》等均轉述了這個故事，而文字互有詳略、同異）

　　北宋張唐英〈元祐初建二郎廟記〉載：「李冰去水患，廟食
於蜀之離堆，而其子二郎以靈化顯聖。」南宋范成大《吳船錄》
卷上卻說：「崇德廟在軍城西門外山上，秦太守李冰父子廟食處
也。」崇德廟就是二王廟的前身，軍指永康軍（治灌口鎮）。洪
邁《夷堅志》丙集則稱：「永康軍崇德廟乃灌口神祠，爵封王，
置監廟官，蜀人事之甚謹。每時節開享及因事有祈者必宰羊，一
歲至四萬口。一羊過城，納稅錢五百，歲終可得錢二百千，為公
家無窮利。當神之生日，郡人釀迎盡敬，官僚亦無不瞻謁者。」
朱熹（1130-1200）《朱子語類》卷三更進一步指出：

　　蜀中灌口二郎廟，當初是李冰因開離堆有功立廟。今來現
許多靈怪，乃是他第二兒子出來。初間封為王，後來徽宗
好道，謂他是甚麼真君，遂改封為真君。向張魏公用兵禱
於其廟，夜夢神語云：『我向來封為王，有血食之奉，故
威福用得行。今號為真君，雖尊，凡祭我以素食，無血食
之養，故無威福之靈。今須複封我為王，當有威靈。』魏
公遂乞復其封。不知魏公是有此夢，還複一時用兵托為此
說？今逐年人戶賽祭，殺數萬來頭羊，廟前積骨如山，州
府亦得此一項稅錢。利路又有梓潼神極靈，今二個神似乎
割據了兩川。

　　元代有人作了一篇〈清源真君六月二十四日生辰疏〉，歌頌的也是趙昱的功績和神靈：「孟秋行白帝之權，尚遲六日；中夏慶清源之聖，誕降九宵。易地權平，與天長久。恭惟清源真君，秀儲仙洞，威振靈關。破浪興妖，隨顯屠龍之手；含沙射影，特彰斬蜃之功。佐泰山生死之司，護佛法慈悲之教。某恩蒙波潤，澤遇河清，五十四州咸仰西川之主，億萬千歲永綏東土之民。」（清李調元《新搜神記・神考》「川主」條引此段後注云「見《翰墨大全》」）

　　明皇甫訪《長洲志》、清錢陸燦《常熟縣誌》亦云：

> 趙真君名昱，灌州人，仕隋，大業中為嘉州太守。有蛟患，入水斬之。卒後，嘉州人見霧中乘白馬越流而過者，乃昱也，因立廟灌江，號灌口二郎神。宋真宗時進今封，邑中患瘍者禱之輒應。相傳六月廿四日為神生辰，男女奔赴以祈靈貺。」（轉引自清顧祿《清嘉錄》卷六〈二郎神生日〉）

　　褚人獲《堅瓠集》又云：「六月廿四日為清源妙道真君誕辰，吳人祀之，必用白雄雞」（同上），說的也是趙昱。

　　綜上，雖然古人很早就將李冰父子和趙昱神化了，但有一點事實卻是毋庸置疑的——唐宋時期都江堰旁既有廟宇供奉李冰父子，也有廟宇供奉趙昱，誠如王培荀《聽雨樓隨筆》所說：「冰有祠在灌口，旁有川主廟，土人以為李二郎，對廟有趙公山。按隋趙昱斬蛟在嘉州，或云在犍為，宋封『川主清源真君』，則川主應為趙公，相傳隱於趙公山，故灌口有祠。宋時二郎廟亦極盛，合為一則誤矣，有識者多辨之。」

　　趙昱功在嘉州，為何首先要在灌口建廟祭祀呢？近人曾這樣推測：「是由於趙昱為官前曾隱居青城山，棄官後也可能還是隱於青城山，並且還可能終老青城山的緣故。青城山亦稱赤城（陸遊在其詩句『看遍人間兩赤城』後自注『青城山一名赤城』），這大概也是唐明皇進封趙昱為赤城王的由來。」我覺得頗有道理。《新搜神記・神考》「川主」條云：「今灌縣有趙公山，即公隱處也。」在古代，趙公山是包括在「青城山」這個範疇之內的。

　　趙昱作為二郎神在民間流傳極廣，元明雜劇《二郎神醉射鎖魔鏡》、《二郎神鎖齊天大聖》、《灌口二郎斬健蛟》等均演義其事蹟。後來，趙二郎在民間傳說中蛻變為李二郎，趙二郎的生辰也轉嫁給了李二郎。以前民間曾在農曆六月二十四日祭李二郎，在兩天後即二十六日祭李冰。再後來，六月二十四日又訛傳成了李冰的誕辰。明崇禎四年修《遵義府志》稱高崖川主廟祀李冰而乾隆三年重修時卻稱祀趙昱，《古今圖書集成・神異典》卷五一引《江西通志》「清源廟」條云「舊傳神姓李名冰」，民國《什邡縣誌》錄紀某《顯英宮創建大殿樂樓碑記》云「如我川主顯英王之事蹟則可考而知之，姓名則不可考而定者也。何言之？王號大安，李姓冰名，秦孝王時為蜀守：鑿離堆，鑄鐵牛；破浪除妖，隨顯屠龍之手；含沙射影，特彰鬥牛之秀；儲仙洞，威全川。其子二郎靈跡數現，厥功亦偉，宋徽宗封為清源妙道真君，父子崇祀灌口，此一說也」，諸如此類已將三人混為一譚了。有朝一日灌口甚至不再祀奉趙昱，只供李冰父子了。究其原因，正如當代《彭水縣誌》所說：「川主廟祀秦蜀郡太守李冰父子、或謂當祀趙昱者。考趙與李皆以治水立勳於蜀，並具有川主之稱。然李先而趙後；且李所治為全蜀上源，趙則僅在嘉州而已。又李之淘灘作堰，功在生民，不徒以異跡見稱；若趙但以道術免一時之災，

不能使千載後民食其利也。」一方水土養一方人，從樸素的感情
上講，都江堰兒女顯然更熟悉和愛戴為本土治水造福的李冰父
子，但他們也沒有將趙昱忘諸九霄雲外，趙公山就是歸然不動的
明證。

說曹操

　　這幾天，所謂的曹操墓成了各路媒體追逐的焦點，平日喜歡關注考古的我也忍不住要說說這個疑似墓主——名揚千古的「非常之人、超世之傑」（《三國志・武帝紀》）。

　　史記曹操「文武並施，御軍三十餘年，手不捨書，晝則講武策，夜則思經傳，登高必賦，及造新詩，被之管絃，皆成樂章」（《三國志・武帝紀》裴松之注引《魏書》），《三國演義》所謂「橫槊賦詩」（語本蘇東坡〈前赤壁賦〉）等情節顯然並非純屬虛構。

　　史記曹操「才力絕人，手射飛鳥，躬禽猛獸」（《三國志・武帝紀》裴松之注引《魏書》），「諡曰武王」（《三國志・武帝紀》），這次考古發現該墓曾經隨葬過「魏武王常所用挌虎大戟」、「魏武王常所用挌虎大刀」、「魏武王常所用挌虎短矛」之類，可謂其來有自，而「常所用」這個片語也就是曹操〈內誡令〉「孤不好鮮飾嚴具，所用雜新皮韋笥，以黃韋緣中。遇亂無韋笥，乃作方竹嚴具，以帛衣粗布作裏，此孤之平常所用也」之「平常所用」的意思，後又見於（《三國志・周泰傳》注引）西晉虞溥《江表傳》（孫「權把其臂……即敕以己常所用御幘、青縑蓋賜之」）等文獻。

　　史記曹操「雅性節儉，不好華麗」（《三國志・武帝紀》裴松之注引《魏書》），死前曾表示只需薄葬自己，「無藏金玉珍寶」（曹操〈遺令〉），其後人也是完全遵照這個遺囑來辦事的，如《晉書・禮制》就說：「金珥珠玉銅鐵之物一不得送，文帝遵

奉，無所增加。及受禪，刻金璽，追加尊號，不敢開埏，乃為石室，藏璽埏首，以示陵中無金銀諸物也。」然則清朱好陽《歷代陵寢備考》引《述異記》稱「魏武帝陵下銅駝、石犬各二」只是傳聞罷了，而現在這個所謂的曹操墓卻出土了包括金、銀、銅、鐵、玉、石、木、漆、陶、雲母等多種質地的器物250餘件，其真偽不證自明。

　　然則曹操也有其「酷虐變詐」的一面，例見《三國志‧武帝紀》裴松之注引〈曹瞞傳〉，並非CCTV紀錄片《尋找曹操墓》所謂宋朝以後才被人渲染成那樣的。

蘇東坡是什麼星座

　　讀臺灣張振玉教授漢譯的林語堂《蘇東坡傳》（作家出版社1996年版），第18頁說「韓愈降生也是屬於同樣的星座（即前文之「天蠍宮」——趕秋按）」，大概指《東坡志林》「退之磨蠍為身宮」（參看李慈銘《越縵堂日記·南濠詩話》：「韓詩曰：『我生之初，月宿南斗。』東坡謂公身坐磨蠍宮，而己命亦居是宮，蓋磨蠍星紀之次為鬥宿所纏。星家言身命舍者是，多以文顯」）而言，張譯「天蠍」，誤矣！查英文版《蘇東坡傳》中相關的描述如下：

> The second thing to be said about the birthday is that he was born. under Scorpio. According to the poet himself, this explains why he ran into so many troubles all his life and was a target of rumours, both good and bad, which he did not deserve -- a fate similar to that of Han Yu, who was born under the same star, and who was also sentenced to exile for his opinions.

　　原來是林先生因記錯而早謬在先：Scorpio是天蠍，磨蠍應是Capricorn。

　　當代蘇軾研究專家孔凡禮著《蘇軾年譜》（中華書局1998年版）稱蘇軾生於宋仁宗景祐三年（丙子）十二月十九日，依西曆推算，是「1037年1月8日」，正屬磨蠍座。「磨蠍」是梵文Ma-

kara（注意：不是英文）的音譯（注意：不是意譯），又譯作磨
羯、磨竭、魔羯、摩羯等。在此處不取蠍、羯、竭的中文本意，
只取其音（注意：與今音有別。按《說文解字》云：羯「從羊，
曷聲」、竭「從立，曷聲」、蠍「從蟲，曷聲」，可見三者古音
一致）以翻梵語。

　　宋人所用的黃道十二宮，當源於由安徽回民馬氏傳入中國
的阿拉伯占星術。按照黃道兩側的十二個星座在星空中分佈的特
徵，古代阿拉伯的天文學者分別將其命名為白羊、金牛、雙子
（又作「陰陽」）、巨蟹、獅子（又作「天獅」）、室女（又作
「雙女」）、天秤、天蠍、人馬、磨羯、寶瓶、雙魚。白羊至室
女為南六宮，天秤至雙魚為北六宮。阿拉伯的太陽曆因此又稱宮
分曆，宮度起於白羊，以春分為歲首，依太陽行十二宮一周為
十二個月。精通中西曆算的清代學者江永（1681-1762）認為：
「中國則有星紀、鶉首等名，西國則有磨羯、巨蟹等名，皆以星
象定之，古今不變者也。」也就是說，此黃道十二宮相當於中國
古代天文學的十二次：降婁（戌宮）、大樑（酉宮）、實沈（申
宮）、鶉首（未宮）、鶉火（午宮）、鶉尾（巳宮）、壽星（辰
宮）、大火（卯宮）、析木（寅宮）、星紀（醜宮）、玄枵（子
宮）、娵訾（亥宮）。

　　不過西人的星座則源自古埃及、古巴比倫，也是以太陽運動
軌跡為基礎，應該與穆斯林曆法同源。而且西方並無摩羯座的人
命途多舛之說，這應該就是中西文化的同中之異了。

上帝的性別

　　上帝在《聖經》中是人格神，具有神人同形、同性的特徵，所以我們可以從而探討其性別。例如，林少雄博士認為：「『雌雄同體』的現象在世界各地的早期神話傳說當中都有所表現。早在《聖經》中，作為人類女始祖的夏娃，就是另一位男始祖亞當的肋骨所變，所以從文化學的觀念來看，亞當就是最早的雌雄同體、兩性合一的人類理想的表徵。而創造人類的上帝，也是雌雄同體的，因為《聖經》中說：『上帝就照著自己的形象造人，乃是照著他的形象造男造女。』」

　　我則覺得，最後這句引文並不能導出上帝是雌雄同體的結論。在《聖經》中，上帝名叫「耶和華」，意為「自有永有者」。據《創世記》載，上帝先用泥土模仿自己的樣子造出亞當，然後才用亞當的肋骨造出夏娃。顯然上帝就是一個男性，與亞當所不同的只是他將永存不死，且無欲而自足，是世界和諧的最初起點和最高表現，是人類尋求自身生命完滿失敗後所臆想出來的終極偶像。

　　而用男人的肋骨造出女人的觀點似乎可借當代精神分析學派中的原型理論加以證明。在原型理論看來，每個人的性格中都有一個內在的異性性別角色，男人性別中的被稱之為「阿尼瑪」或「內在的女人」（女人性別中的被稱之為「阿尼姆斯」或「內在的男人」）。《個性化進程》的作者馮‧弗蘭茨曾闡述道：「阿尼瑪是男人心靈中所有女性心理趨勢的化身」，「男子對他的

阿尼瑪寄予他的情感、情緒、期待與幻念都認真對待了，並且用
某種形式把它們給固定下來，比如通過寫作、繪畫、雕刻、作曲
或是舞蹈等形式，就會產生這種正面的作用」。（負面的作用或
者就是令男人女性化，即世俗所謂「男生女相」、「娘娘腔」等
等，而極端的將走向變性。）基於此，亞當的那根肋骨不正是其
阿尼瑪的物化嗎？耶和華不正是將亞當「內在的女人」給固定下
來的、世界的第一個藝術家嗎？

雜篇

太陽生兩儀

　　鄭文光《中國天文學源流》以為「一分為二，二分為四」是四時和四方觀念的由來，而四時的劃分又源自四方：「人類社會早期，是只粗淺的認識東、西兩個方向的，那就是日出和日落的方向。雲南的佤族原來也只認識東、西兩個方向，東稱『里斯埃』，西稱為『吉里斯埃』——即『里斯埃』的反方向。到了認識四方位，在認識史上可算是一個不小的飛躍。因為南、北兩方，實在不如東、西方之有日出、日入可作記認。只有在東西間的直線上能夠作垂線的概念產生以後，才可較準確地定出南北方，這樣，才有可能產生『中星』思想。於是，陰陽—東西—四方—四時這樣一條思想發展線索就在我國古代自然哲學中出現了。」在別處，鄭氏指明「一」即「氣」。這個概念難道會早於四方或四時而產生？而陰陽與東西這兩對範疇的出現先後也值得再作探討。

　　鄭氏曾牽強附會恩格斯的話（「一個部落或民族生活於其中的特定自然條件和自然產物，都被搬進了它的宗教裏」）爛漫地猜想到：「為什麼古巴比倫人認為水是宇宙萬物的始原？因為他們生活在幼發拉底和底格里斯兩河流域，雨量又充沛。……整天和水打交道，就以水為萬物的本原。而我國呢？夏、商兩代，或更前的新石器遺址，大都在黃河中下游一帶，是黃土莽莽的世界。當春天的風沙刮起來的時候，黃塵漫天蓋地，這種自然環境是很容易導致對『氣』有一個深刻印象的。所以我國古代渾沌中

生成天地的思想，認為渾沌，也就是『氣』。」果真如此，《管子》所謂「水者何也？萬物之本原也」又當置之何處呢？

　　鄭氏也贊同《說文解字》對「陰」、「陽」真正的字源的解釋——「雲覆日也」、「開也」，「這和我們現在所謂『陰天』、『晴天』的概念是一致的。可見陰、陽兩字在最初的意義上只是有沒有陽光照耀，並沒有什麼神秘的含義」，也認識到「東」、「西」與太陽有關，卻沒想到古人有可能同時意識到「陰陽」與「東西」。鄭樵《通志》曰「日在木中曰東，在木上曰杲，在木下曰杳。木，若木也，日所升降」，在造出這三字的祖先眼裏這日升日降所經過的樹木（人透過樹遠觀日出日落）不一定就是後世所謂「若木」或「扶桑」（《淮南子・天文》），不過這三字倒頗能描述出太陽的運動軌跡，《詩・衛風》「杲杲出日」、張衡〈思玄賦〉「日杳杳而西匿」簡直就是後二者最精簡的釋義。那麼古人為什麼不用「杳」當「西」呢？許慎《說文解字》認為西的篆文象「鳥在巢上」之形，是「棲」的假借：「日在西方而鳥棲，故因以為東西之西」。也即是說太陽西沉，倦鳥歸巢，讓常見此景的古人確定了西方的位置，並創造了「西」字。總之，在遠古的常識裏，不見太陽就是陰，日光普照就是陽，太陽升起的方向就是東，太陽落下的位置就是西。陰陽、東西的概念無一不導源於太陽，如果將陰陽、東西都命名為兩儀，那麼「太陽生兩儀」的假說也能成立，陰陽、東西完全可以是並列關係，而不一定非要是「陰陽—東西」的先後關係。後世「陰陽」的外延擴大了，才包含了「東西」等對立統一的範疇，鄭氏所犯的錯誤之一就是在語言的表達上混淆了「人類社會早期」思想與「古代自然哲學」的界限。

　　《周髀算經》甚至認為四方的確立都源自人們對太陽的關注：「人所謂東西南北者，非有常處，各以日出之處為東，日中為南，日入為西，日沒為北」；並稱「見日為晝，不見日為夜」，「晝夜」完全可以置換為「陰陽」。

　　《說文解字》雖未能正確釋讀「東」之原義，卻將四方聯繫到了四時來考慮：「東，動也，陽氣動於時為春」；《管子》也講：東方「其時為春」，「南方曰日，其時曰夏，其氣曰陽」，西方「其時曰秋，其氣曰陰」，北方「其時曰冬」。鄭氏說「在北回歸線以北的廣大地區，太陽上中天總在天頂以南」，所以「南方曰日」。然而劉晦之《善齋所藏甲骨文字》卻稱「南方曰夷」，在其他的卜辭中這個「夷」寫作「炎」，在《山海經》中又寫作「因」，無非都是長沙馬王堆三號漢墓帛書所謂「南方火」（下句為「其神上為熒惑」，熒惑即火星；《淮南子‧天文》亦云：「南方火也……其神為熒惑」）的意思，抑或是南方多日照、炎熱的「自然條件」被我國古人「搬進了」意識形態之內吧。

石犀沉後波濤息

【西漢】揚雄〈蜀王本紀〉:「江水為害,蜀守李冰作石犀五枚,二枚在府中,一枚在市橋下,二枚在水中,以厭水精,因曰石犀里也。」

【東晉】常璩《華陽國志‧蜀志》:「外作石犀五頭以厭水精;穿石犀溪於江南,命曰犀牛里。後轉置犀牛二頭:一在府市市橋門,今所謂石牛門是也;一在淵中。……西南石牛門曰市橋,下,石犀所潛淵也。」

【北魏】酈道元《水經注》卷三三〈江水〉一:「初,張儀築城,取土處去城十里,因以養魚,今萬頃池是也。城北又有龍堤池,城東有千秋池,西有柳池,西北有天井池,津流徑通,冬夏不竭。西南兩江有七橋,直西門郫江上曰沖治橋,西南石牛門曰市橋,吳漢入蜀,自廣都令輕騎先往焚之。橋下謂之石犀淵,李冰昔作石犀五頭,以厭水精,穿石犀渠於南江,命之曰犀牛里,後轉犀牛二頭在府中,一頭在市橋,一頭沉之於淵也。」

【唐】(《全唐文》卷七四四)盧求〈成都記序〉:「(李冰)作石犀五,以壓壽蛟,命曰犀牛里,後更為耕牛二。」

(《太平廣記》卷二九一)〈成都記〉:(李冰鬥死牛形江神之後)「蜀人不復為水所病,至今大浪沖濤欲及公之祠,皆瀰瀰而去。故春冬設有鬥牛之戲,未必不由此也。祠南數千家,邊江低圯,雖甚秋潦,亦不移適,有石牛在廟庭下。」

杜甫〈石犀行〉：「君不見秦時蜀太守／刻石立作五（一作「三」）犀牛／自古雖有厭勝法／天生江水向東流／蜀人矜誇一千載／泛溢不近張儀樓／今日（一作「年」）灌口損戶口／此事或恐為神羞／修築（一作「終藉」）堤防出眾力／高擁木石當清秋／先王作法皆正道／詭（一作「鬼」）怪何得參人謀／嗟爾五（一作「三」）犀不經濟／缺訛只與長川逝／但見元氣常調和／自免洪濤恣凋瘵／安得壯士提天綱／再平水土犀奔茫」。（宋黃鶴注：「上元二年秋八月，灌口損戶口，故作是詩，然意亦有所寓也。……《全蜀總志》：李冰五石犀在成都府城南三十五里。今一在府治西南聖壽寺佛殿前，寺有龍淵，以此鎮之；一在府城中衛金花橋，即古市橋也。」此龍淵即康熙《成都府志・山川》「龍淵井在聖壽寺大殿內」之龍淵井，民國時尚存。）

李吉甫《元和郡縣誌》卷三一：「犀浦縣，次畿，東至府二十七里。本成都縣之界，垂拱二年分置犀浦縣。昔蜀守李冰造五石犀沉之於水以厭怪，因取其事為名。」

【宋】樂史《太平寰宇記》卷七二：「石犀，李膺《記》云：市北有石牛，李冰所立。」

歐陽忞《輿地廣記》卷二九：「犀浦縣，屬益州。秦時李冰作石犀五以厭水精，穿石犀渠於南江，命之曰犀牛里。縣取此以為名耳，不在其地也。」

祝穆《方輿勝覽》卷五一：「石犀，去城三十五里犀浦，太守李冰作五石犀沉江以厭水怪。杜甫詩：『君不見秦時蜀太守／刻石立作三犀牛……』」。

趙抃《成都古今集記》：「李冰使其子二郎作三石人以鎮湔江、五石犀以厭水怪」；「石犀在李太守廟內」；「市橋水中有石犀，蓋吳漢為賊將延岑所破之處」。

　　陸遊《老學庵筆記》卷五：「石犀在廟之東階下，亦粗似一犀，正如陝之鐵牛，但望之大概似牛耳。石犀一足不備，以他石續之，氣象甚古。」

　　陸遊〈雜詠〉之二：「石犀廟壖江已回，陵穀一變籲可哀，即今禾黍連雲地，當日帆檣映影來。」

　　【明】曹學佺《蜀中名勝記》卷一〈川西道・成都府一（成都、華陽二縣附郭）〉：「石犀寺一名石牛寺。……今寺正殿階左有石蹲處，狀若犀然，額曰聖壽寺，古之龍淵寺也。」〈成都府二〉：「本晉王羽宅，後舍為寺，改名龍淵，殿有水眼如井，雲與海通。」（曹所見之井乃高駢廢郫江後故道殘餘之水。）

　　嘉靖《四川總志・古跡》：「石牛，在成都縣鄧艾廟南。」（廟在石犀寺北。據《方輿勝覽》說，此石牛「即秦惠王所遺蜀者」，非鎮水者。）

　　天啟《新修成都府志・祠廟》：「聖壽寺……中有秦太守所鑿石犀，今在殿前；俗呼為石牛寺。」

　　《大明天下一統志》卷六七成都府：「石犀，府城南三十五里。秦太守李冰作五石犀沉江以壓水怪。其後土人立廟祀冰，號石犀廟。」（「府城南三十五里」與嘉慶《四川通志》卷四九「石犀，（華陽）縣南三十五里」當即《方輿勝覽》「去城三十五里犀浦」之誤，南皆應改作西。）

　　【清】王來通《灌江備考・附考》：「五石（犀）以壓水：一在青城，一在犀浦，一在成都市橋，一在江中，一在縣北玉女房。」

　　彭遵泗《蜀故》卷二一：「按《名宦志》，上古禹治洪水，西南經界未盡。迨秦昭王時，蜀刺史李冰行至湔山，見水為民患，乃作三石人以鎮江水、五石牛以壓海眼、十石犀以壓海怪。」

　　王培荀《聽雨樓隨筆》第934條：「秦李冰釃內外江，為五石犀以鎮水怪，江南徒地為陸。後人擴城基（當指康熙五十七年創建滿城──趕秋按），石犀遂入城內，其一乃在將軍署，人不知其詳，乃於城外構石牛寺，並琢牛以實之。成都張沅詩云『一犀石橋二野浦／兩犀陸臥叢林藏』，題為〈龍淵寺觀秦李太守石犀〉。石犀左右名龍淵寺，雲龍淵不云石牛，應在城內非城外。又云『惟憐李寺失其一』，不知在將軍署者乃真也，豈兩寺皆有石牛乎？」

　　劉沅〈李公父子治水記碑〉：「公釃二渠，斬潛蛟，約水神，瘞石犀，皆合幽顯而特著功，能與大禹治神奸、驅蛇龍先後一轍，非得道於身，安能有是？……誓水碑在天彭，斬蛟在灌口，石犀石牛不一，則自導江至郡皆有之。」（劉沅《槐蔭雜記・成都石犀記》謂「在成都將軍衙門內」，又〈石犀考〉謂在將軍署側。）

　　馬蓮舫〈石犀〉詩序：「強蟊圉司馬淘河得二石獸，竭數十人力方升岸，疑秦時故物，囑先君題跋，勒石上。江漲，仍沒於水，近復淘出，亦奇跡也。」

　　同治《成都縣誌・藝文》許儒龍〈錦城古跡小記〉：「舊藩司署旁有石牛寺……石牛在殿后。……康熙五十七年創建滿城界，以造營署……石牛隔後圍中。」

　　同治《續漢州志》卷二一郝鄉〈沉犀橋請水論〉：「州北里許有沉犀江，秦李冰鑿離堆後嘗於各郡江中立石犀鎮水怪，因以名橋。故華陽亦有沉犀橋，俗傳三五夜犀出玩月，其靈無對。」同卷張懷泗〈沉犀橋辨〉：「洛水入漢州三支。其迤南一支與雁水合，將合之上流有石橋，舊名平橋，以上有嚴君平卜卦台故也。乾隆二十二年，州牧督紳耆修之，更名沉犀，並榜於橋坊曰：『秦太守

李冰沉石犀以鎮水患」。其實非也，按沉犀有五：一在灌縣之玉女房，一在郫縣之犀浦，一在成都之市橋，一在華陽之太慈寺，皆李冰沉石犀鎮水患處，又犍為郡分置沉犀郡，舊傳以石犀沉水得名，均為洛無涉。」（沉犀橋、沉犀江位於今廣漢境內。）

光緒《增修灌縣誌》卷二〈輿地志〉：「石牛。有二，俱在大江中，其形迄今尚存。」卷四《水利志》：「石牛堰。即沙溝河口。其堰向在安瀾橋上游，後因淤廢移下二里許，有石牛橫臥江心，今尚可見。」

錢茂〈跋永鎮蜀眼碑〉：「秦守治水文字世所罕傳，昔見蜀都大悲寺金人背鑄『永鎮蜀眼』及太守姓字，篆法神妙；且有石犀鎮海眼，亦秦時物。」（所謂金人指原在大慈寺之第五重殿后的銅普賢菩薩像，高二丈五尺，背刻銘文「永鎮蜀眼李冰鑄」，實為韋皋所鑄，而像乃以銅皮雜泥土製成，最終毀於1958年。）

傅崇矩《成都通覽·成都之古跡》：「東門之太慈寺，秦時古剎也，寺中接引古佛身邊有秦李冰篆『永鎮海眼』數字。……漢市橋即西門外之金花橋也，相傳下有石犀。」（同篇〈待考之古跡〉題下還著錄有「萬年堤之石人石牛」、「鎮江石犀」。）

【中華民國】《郫縣志》：「石鼓二，在縣北半里沱江西岸。石牛三，在石鼓旁。秦時李冰所塑以鎮水怪。今猶錯峙江岸，皆斷缺不全。惟中有一牛，其頭由頸部被墜落，有鑿痕，土人相傳道光為雷所劈。旁有碑曰：『先漢古跡』……按碑上『漢』字宜作『秦』字。」

《灌縣誌》卷六〈藝文書〉：「石犀，殘，在治南慰農亭，清水利同知強望泰淘河所得，無文可考，不知何代物。」

《華陽縣誌·古跡四》：「寺名或稱石犀，或稱石牛，或稱龍淵，或稱聖壽，皆指一處，蓋寺址即漢石牛門舊地。」

　　【中華人民共和國】饒伯康曰：「少城西勝街中段，原為前清右司衙門。民初（當指1913年——趕秋按），第二小學堂由北門東珠市街移此。平操壩挖出石牛，牛身刻字數十，初固不識其為石犀寺的石犀。當時，曾以石牛的拓片與劉光漢申叔談及，劉說這是用來鎮水的。並提及江瀆廟大約修建在水旁，現在城南、城內無水，卻有這類廟宇存在，是必河流有變，等語。」

　　李思純〈石犀寺與石犀〉：「石犀寺之原址，實在西勝街。……據明曹學佺《蜀中名勝記》石犀的位置在（寺之）正殿左階。……石犀雖是古代一個頑石，且歲久風化，已不成形。但從石犀位置所在，可以證知此地即為古成都少城西南的市橋門。又可證實西勝街之西，即唐末築羅城前的內江故岸。石犀在清末猶存，高七八尺。其軀略大於常牛，首西向，風化後尚存輪廓。民國時省立第一中學設於斯地，擬改名為石犀中學，未果。抗日期中，其地曾駐兵，即犀身建台，升降旗。至一九五二年，石犀已剝落不成形，僅存頑石一堆，是時初八中建教室，石工改犀身為石條以砌階沿。」

　　按：以上各代文字幾乎皆出於蜀人或旅蜀、治蜀之人的手筆，不但少有耳食之語，而且大都還是目擊者的證詞。

　　南朝梁李膺《益州記》載：「少城有九門，南面三門，最東曰陽城，次西門曰宣明門。秦時張儀樓即宣明樓也，重閣複道，跨陽城門。」古之成都少城南面有三個門：最西的是「石牛門」，即「市橋門」；中間是「宣明門」，其樓即「張儀樓」；東面的是「陽城門」。而「市橋」正對市橋門，橋下的「石犀淵」跟「石犀里」、「石犀寺」一樣，大致都在今成都西勝街（所謂後圃即新建右司衙門之後圃，右司所在地曰右司胡同，民

國時改名西勝街）一帶。「石犀溪」的北口則從市橋下不遠處分出郫江水，向南經過方池街、南較場新石牛寺附近，偏東入檢江。「蜀都大悲寺」、「東門之太慈寺」、「華陽之太慈寺」指的皆是成都大慈寺。唐成都尹、劍南西川節度使韋皋曾鑿解玉溪，自城外西北引郫江水流經大慈寺一帶。

1913年在西勝街西側同仁路處掘出一石犀，與原在石犀寺（今成都市第二十八中學）內者東西並列，應該就是「一在府市市橋門，一在淵中」的那二頭。抗日戰爭時期，成都望江樓前錦江中也曾淘出石牛一條，長兩米餘，有人說是李冰所刻。

《增修灌縣誌》卷首〈伏龍觀圖〉中畫出了位於人字堤下首的石牛堰及其上面的一頭石牛，俗稱「犀牛堤」、「犀牛望月」。這一頭抑或就是道光年間成都水利同知強萼圃強望泰所挖出的那兩頭（這兩頭應該就是「缺訛只與長川逝」者）之一。民國二十三年，岷江上游的疊溪水暴發，沖決人字堤，石牛覆沒於水。次年修堤時，淘出石牛，復置堤上。1952年，都江堰歲修，於此處搭建了臨時工棚，嗣因工棚失火，石牛被燒壞。

杜甫看見的那三頭是在都江堰附近（觀其詩「灌口」、「修築堤防」、「高擁木石」諸語可知），陸遊目睹的那頭是在成都石犀寺（或名石牛寺，非清人「於城外」所構之新石牛寺）之東階下。清朝改該寺為「將軍署」，這頭成了殘廢的石犀猶存，王培荀顯然是親眼目睹過的。

在古人看來，將石犀（石牛，二者有時可以等而視之，如《古今圖書集成‧神異典》卷五一引《江西通志》「清源廟」條云「舊傳神姓李名冰，秦孝公時守蜀，作五石牛以壓水怪」）安放在洶湧澎湃的江邊、橋下或者沉之於水中就是為了「厭水精」（鎮壓水怪），是一種流傳已久的用於防洪的巫術（祭祀）行

為，所以杜詩要說「自古雖有厭勝法」。甲骨卜辭中已有這樣的記載：「求年於河，寮三牢，沉三牛，俎牢。」考究其字形，「沉」正是把牛或羊沉入川中的象形。周代以後，沉祭仍很盛行。《周禮・大宗伯》謂：「以狸沉祭山川林澤。」鄭玄注：「祭山林曰埋、川澤曰沉。」《儀禮・觀禮》也說：「祭川，沉。」道光舉人劉沅所謂「瘞石犀」其實說的也是沉石犀，並非《山海經・北山經》「其神皆人面蛇身，其祠之，毛用一雄雞、彘，瘞，吉玉用一圭，瘞而不糈」、《禮記・郊特牲》孔穎達疏「地示在下，非瘞埋不足以達之」之瘞。秦人改用石牛代替真牛，就像古代貴族將隨葬之活人換成陶俑，似乎也是一種進步，如果不考慮所謂土精為石、土克水等觀念的話。

今人任乃強卻不顧史實，認為「中原牛耕，惟用黃牛。吳楚稻作，皆用水牛。李冰穿二江於成都，別支流溉三郡，大力提倡種稻（穀物中稻之產量最高），從而提倡引種水牛，師法吳楚稻農。故刻此石牛五頭，分置二江灌溉地區，宣傳物宜，以為勸導。當時呼之為『兒』，後被妄傳為作犀厭水也」，顯系臆想當然。所謂「石犀石牛不一，則自導江至郡皆有之」、「嘗於各郡江中立石犀鎮水怪」均與該巫術防洪活動有關，說的是都江堰灌區乃至古代四川臨水的各地曾經廣泛安置著或沉降了若干頭石犀石牛（例如嘉慶《溫江縣誌》「約高二尺，橫距新開江岸」之石牛於1981年出土於溫江和盛鎮石牛村；又如一采沙船於2010年4月6日從三台縣新德鎮柳林灘的涪江江底挖出一石犀，疑為唐朝東川節度史鄭復所制四頭鎮水石牛之一），情形略如各地區的「誓水碑」（據《華陽國志》等書，李冰所作石人還可用於監測水位，後起的誓水碑乃是其替代品），此於犀浦縣、犀浦鎮、沉犀橋、沉犀江和犍為縣的「沉犀山」、「沉犀洞」、「沉犀沱」、「沉

犀村」（北周保定三年在沉犀山置「沉犀郡」，只轄武陽一縣，隋開皇三年廢郡，改為犍為縣）等地名也可見一斑。

　　不過在厭勝的精神勝利法之外，岸邊的石犀無疑還是會起到一些抵擋水流、減殺水勢的實際作用，誠如郭沫若所說的那樣——樂山大佛「因岩而成，把岩壁凹鑿進去，靠壁鑿成一尊彌勒大佛的坐象，水勢免去與岩壁衝擊，禍患因而減殺」（人民文學出版社1971年版《李白與杜甫》第234頁）。從某種意義上講，樂山大佛不過是將石人（《成都古今集記》等書謂「李冰使其子二郎作三石人以鎮湔江」，是說李冰父子曾經製作了三個石人，而東漢的李冰石像上刻有「尹龍長、陳壹造三神石人」等字樣，可見後人效仿過李冰的做法甚至還將其編入三石人之列。這樣一來，鎮水的石人前後加起來遠不止三個。截止2005年，都江堰已出土包括李冰像在內的四個石人）石犀大化、固定化、佛教化了而已。岑參〈石犀〉詩云「江水初蕩潏／蜀人幾為魚／向無爾石犀／安得有邑居／始知李太守／伯禹亦不如」，應該是著兼顧它的精神作用和實際作用而措辭的，只不過加入了文學誇張的成份。

　　「如果說一般的石頭因其具有重量和堅硬等共性被認為具有一般的巫術效力，那麼特殊的石頭則以其具有特殊的形狀或顏色等特性而被認為具有特殊的巫術效力。」（弗雷澤《金枝》第四版第三章〈交感巫術〉）鎮水的石頭被雕刻成犀、牛的形狀也是有特殊意義的，在李冰之時大概主要是模擬和繼承「求年於河」而沉牛的古代禮俗，其後人們應該還受了李冰化身成牛（犀）鬥死牛（犀）形江神（和《抱樸子‧登涉》「得真通天犀角三寸以上，刻以為魚，而銜之以入水，水常為人開」、《金瓶梅詞話》第三一回「水犀號作通天犀。你不信取一碗水，把犀角安放在水內，分水為兩處，此為無價之寶」）等傳說的影響，將石犀

（牛）等同於李冰，依照順勢巫術的原則，李冰治水壓怪的功能就自然被認為能傳遞到石犀（牛）的身上，東漢的李冰石像上明確點出的鎮水萬世的銘文就是最好的旁證。

《紅樓夢》應名《石頭記》

　　開卷第一回，作者就自云：「因曾曆過一番夢幻，之後故將真事隱去，而借『通靈』之說撰此《石頭記》一書也」。然後故事由一塊「無材補天」的通靈頑石（「美玉」）「幻形入世」開始講起，而它的「墜落之鄉、投胎之處」正是第一回就已出現了的「金陵」（《金陵十二釵》），亦即第二回點明了的「石頭城」，這兩者都是古都南京的別稱，或許意指清朝的首府——北京。

　　此石先是被女媧氏拋棄（「見棄於世道」），然後「蒙茫茫大士、渺渺真人攜入紅塵」，成了賈寶玉降生時嘴裏所銜的那塊「五彩晶瑩的玉」（「大如雀卵，燦若明霞，瑩潤如酥，五色花紋纏護。這就是大荒山中青埂峰下的那塊補天剩下的頑石的幻相」），有時又直接化身為賈寶玉（以作者自己為主要原型）本人，最後再還原成「大荒山無稽崖青埂（情根）峰下」那一大塊記載著「離合悲歡炎涼世態的一段故事」的石頭。

　　所謂「假作真時真亦假」，假（賈）寶玉豈非真（甄）石頭？賈寶玉究竟是玉還是石呢？認為他是頑石的就是那些「錯以淫魔色鬼看待」之流，認為是寶玉的就是那些以「情癡情種」看待他的人。《韓非子》曾歎和氏「寶玉而題之以石」，作者也「歎時乖玉不光」，並將自己寫的寶玉記故意題名為《石頭記》。可惜的是，世俗大「都云作者癡」，很少有人「解其中味」，誠如賈雨村言（「假語村言」）：「若非多讀書識事，加以致知格物之功、悟道參玄之力，不能知也。」所以作者要常常

提醒讀者，不斷在行文中點出各種石頭，如第一回「西方靈河岸
上三生石畔」、第三回「西方有石名黛」等等。

拋堶

　　周作人特別喜愛清人陳授衣的「兒童下學之詩」，在其《書房一角》卷四之五八〈陳授衣詩〉一文內曾經大加褒揚──

　　潘清撰著〈挹翠亭詩話〉卷一云：「〈韓江雅集〉，全謝山為序。〈田家雜興〉題，陳授衣云，兒童下學鬧比鄰，拋堶池塘日幾巡，折得花枝當旗纛，又來呵殿學官人。閱廉風云，驢背田翁傍晚回，繞身兒女笑轟雷，城中完納官租了，帶得泥嬰面具來。數詩描寫難言之景，可謂體貼入微。」寒齋適有陳氏〈孟晉齋詩集〉，乃取出翻檢兩過，盡二十四卷中不見兒童下學之詩，殆未編入集中也，但別又找到幾首說及兒童生活，亦均可喜。卷十二〈苦雨〉云，水田高下沒青秧，一月無多見太陽，兒女不知調整事，綠窗苦怨掃晴娘。又〈清明二首〉之一云，燕子低飛掠草煙，城隅綠浪系紅船，溪童三五趁朝雨，偷折柳枝來賣錢。卷二十〈上巳偶書〉云，清明楊柳重三薺，采折兒童競賣錢，可惜一離煙渚畔，竟隨蒭蕘市門前。此種景象其實並不怎麼難寫，只是平常詩人看不上眼，不肯收拾來作詩料，故極少見耳。諸詩中仍以下學一絕為最有意思，因其主意即詠兒嬉，與他詩之偶用作材料者不同。〈賓退錄〉中載路德延〈孩兒詩〉五十韻，亦是難得之作，唯每句只詠一事，有如百寶衣，少有貫串耳。

不僅如此，他還詠詩來表達自己對陳作的鍾情，如其《兒童雜事詩》乙編之二十〈陳授衣〉所云：

> 絕愛詩人陳授衣，善言拋堶折花枝，泥嬰面具尋常見，喜誦田家雜興詩。

後來豐子愷為周詩畫了一幅插圖，名叫《拋堶》。鍾叔河如是箋釋道：

> 《拋堶》這幅插畫，我看也是畫得最好的，因其主意即畫兒嬉，不是古詩今畫，也不是摹寫故事也。乙之十八捉迷藏那幅也一樣，不過這幅描寫的場景，在現代化的城市裏已不復可見，往公園水面投擲瓦石早被禁止，適於「打漂漂」的小青瓦片亦恐已絕跡，所以更加難得了。兒童遊戲其實是人民生活的一部分，它能反映出當時當地的笑貌風情，形象的記錄更可看出社會風俗亦即活的文化的流轉變遷，更有價值。而詩人和畫家卻仍多半看不上眼，《拋堶》此類畫殆成絕響，此其所以為難得也。

豐子愷、鍾叔河將「拋堶」等同於「打漂漂」（四川稱「打水漂」，江蘇稱「削片」），顯然是對古俗的無知。

清李斗《揚州畫舫錄》：「裏人於清明時墳上放紙鳶，擲瓦礫於翁仲帽上，以卜幸獲，謂之『飛堶』。」飛堶即拋堶，例如：同為宋人，張侃〈代吳兒作小至後九九詩八解〉「五五三三拋堶忙／柳絲深處映陂塘」稱拋堶而梅堯臣〈禁煙詩〉「窈窕踏歌相把袂／輕浮賭勝各飛堶」卻叫飛堶。陳授衣曾經常住揚州，

周作人也讀過《揚州畫舫錄》（《書房一角・陳授衣詩》之前就有〈揚州畫舫錄〉一文），應該都不會搞不清楚。細細品咂，所謂「拋堶池塘日幾巡」或許只是借用「拋堶」這個成語來描寫兒童往水中扔石塊的頑皮，既非清明之俗，亦不是打漂漂。

失樂園

　　樂園這個原型是中外文學裏反覆表現的一種象徵符號、一種社會模式，完全可被納入諾思羅普・弗萊的理想經驗的原型模式之內。不過，在不同語文的典籍裏對它採取了不盡相同的描繪，但大多數都以失去它作為無奈的結局。

　　《舊約・創世記》中人類始祖居住的樂園名叫伊甸，「耶和華上帝使各樣的樹從地裏長出來，可以悅人的眼目，其上的果子好作食物」，寥寥幾筆便喚起了讀者對樂園的多姿多彩的無限遐思。此園是上帝專為亞當、夏娃而造，不料後來兩人被蛇引誘吃了禁果，上帝將他們驅逐出境，並派天使把守道路不讓後人重新尋見。無獨有偶，巴比倫、伊朗、印度等地也有類似的神話。而柏拉圖在其演說和著作內屢次提到，比他早九千年，有一個人間樂園式的大西洲已經產生了高度文明。他還對大西洲居民的生活方式與建築樣式作了生動的追述，說那裏風光秀麗，物產豐饒，有許多雄壯的建築物，周圍還栽著枝葉茂盛的樹木，人民生活富足，強大的軍隊威震四方。但不知何年，大西洲在旦夕之間突然沒入了大西洋底。

　　中文關於「失樂園」的記載，最著名者莫過於《列子》跟〈桃花源記〉。前者〈湯問〉篇略謂：渤海之東、歸墟之中有岱輿、員嶠、方壺、瀛洲、蓬萊五座神山，其上臺觀皆金玉，禽獸白化，珠玕之樹叢生，華實食之不老不死，土著民全為仙聖之種，一日一夜飛相往來者不可計數。山下有巨鼇十五隻輪番舉首

而戴之，仙聖得以安居。後有龍伯國巨人連釣六鼇，於是岱輿、員嶠沉於大海，仙聖進行了大移民。而在陶淵明的筆下，一個漁夫無意中就進入了高士踏破鐵鞋無覓處的世外樂園。那裏芳草鮮美，落英繽紛，土地平曠，屋舍儼然，有良田美池桑竹之屬，阡陌交通，雞犬相聞（參見《老子》「小國寡民」章、《莊子‧胠篋》、《孟子‧公孫丑》上），男女老少怡然自樂，自云先世避暴秦戰亂卜居於此絕境，不復與外界連絡。受過桃花源人殷情款待後，漁夫出走，沿途留下路標，並報官。好事者往往乘興而尋，敗興而歸，幾經折騰，遂無人問津了。

　　無量世紀以降，各種樂園內美好福樂的情形牢牢地佔據著人類的想像和意識，成為人們心目中的理想境地，彷彿確實存在過，以致世代渴望經常加以體驗。非常現實的卻是，樂園雖是從普通生活中抽離出來的，並且存在於某時某地，但也是凡人所不可涉足的地方，總在普通人的經歷之外。唯其如此，樂園作為一個普遍的文學原型，才對受眾充滿了近乎永恆的吸引力，再次證明了布洛「心理距離」、布萊希特「間離效果」、熟話「距離產生魅力」的確不可拔。

好色的才子

　　周國平說：虛榮心（或曰純潔的心靈）使女人仰慕男人的成功（或曰才華），「本能又使她期待男人性慾的旺盛。一個好色的才子使她獲得雙重的滿足，於是對她就有了雙重的吸引力。」（〈男人眼中的女人〉）還需補充一點，如果這個才子還是財子就能立於堅挺不敗之地了。

　　肯恩‧威爾伯的妻子崔雅的話可以為此作注：「南德克薩斯州是我生長的地方，同年代的女孩都在做新嫁娘的夢，但我怎麼也無法想像我會嫁給一位身高六呎四、長相如同外星人的哲學家、心理學家兼超驗論者。獨一無二的整體感，奇特的職業組合。多麼棒的愛人哪！並且深具才華。我過去經驗裏的男人，可親的無才，有才的不可親，而我兩者都想要。」（胡因夢、劉清彥合譯《恩寵與勇氣》）

　　這並不能證明女人很貪婪，男人又何其不然？誰不喜歡秀外惠中的女人呢？從上古的詩句「窈窕淑女，君子好逑」到當下的俗諺「上得廳堂，下得廚房」就無一不是男人的自白與企盼，甚至還有男人覺得能隨意適時地在淑女、婢女、妓女這三種角色之間轉換的女人才是最理想的女人，如周作人1927年11月6日〈北溝沿通信〉所載——

　　義大利經濟學家密乞耳思（Robert Michels）著《性的倫理》（英譯在現代科學叢書中）引有威尼思地方的諺語，云女子應有四種相，即是：

街上安詳，（Matrona in strada，）

寺內端莊，（Modesta in chiesa，）

家中勤勉，（Massaia in casa，）

床上癲狂。（e Mattona in letto。）

　　這些男人的期待在更多的時候其實只是妄想罷了，因為如此
完美的女人和好色的才子一樣，止可偶遇而難以強求。

正常人的記憶障礙

　　1981年4月6日，錢鍾書〈答某記者問〉：「我還有一些自知之明，去年有人叫我寫《自傳》，亦代是居間者，我敬謝不敏。回憶，是最靠不住的，一個人在創作時的想像往往貧薄可憐，到回憶時，他的想像力常常豐富離奇得驚人。這是心理功能和我們惡作劇，只有儘量不給它捉弄人的機會。」1982年8月，錢鍾書在〈《寫在人生邊上》重印本序〉裏重複了這個意思：「我們在創作中，想像力常常貧薄可憐，而一到回憶時，不論是幾天還是幾十年前、是自己還是旁人的事，想像力忽然豐富得可驚可喜以至可怕。我自知意志軟弱，經受不起這種創造性記憶的誘惑，乾脆不來什麼緬懷和回想了。」

　　「到回憶時，他的想像力常常豐富離奇得驚人」、「一到回憶時，不論是幾天還是幾十年前、是自己還是旁人的事，想像力忽然豐富得可驚可喜以至可怕」云云用神經症侯學的術語來講，這只是「記憶障礙的症侯」之一，即「記憶增強」（hypermnesia），主要表現為對遠事記憶的異常性增加。人民衛生出版社1979年版《神經系統疾病症侯學》第56頁對此解釋道：「患者表現出對他很久以前所發生的、似乎已經遺忘的事件和體驗，此時又能重新回憶起來。甚至一些瑣碎的毫無意義的事情或微細情節都能詳細回憶。多見於躁狂症、妄想或服用興奮劑（如咖啡因、菸酸等）過量。」作家雖然不一定是患者，但一樣會產生記憶增強這種障礙。臨床病理研究表明：「幾乎每一個有嚴重記憶障礙

的患者，都有腦的廣泛性病變。同時，還有相當多的人有各種程度的記憶障礙，但腦子裏卻找不到任何器質性病灶。」（《神經系統疾病症侯學》第56頁）身體健康的作家顯然屬於後者。

除了記憶增強，寫回憶錄的作家、為晚輩口述親身經歷的老人等等往往都會在不知不覺當中產生「錯構」（paramneisa，指對過去經歷過的事情在發生的時間、地點和情節上出現錯誤的回憶，並深信不疑）、「虛構」（confabunation，指在回憶中將過去從未經歷過的事情當做親身經歷加以描述，以虛構的事實來填補已遺忘的那一段記憶空白）等記憶障礙，因此鮑斯威爾《詹森傳》要強調指出：「最需要記錄下來的，就是你的心智狀況；你需得把所有記得的事都寫下來，因為，事情發生時，你是無法分辨是非的；所以必須在記憶猶新時立刻寫下來，事情過了一兩星期，所有的情況也許不一樣了」；「我們必須考慮到，可資征信的歷史，實在少之又少，當然，我指的是驗證無訛的歷史。哪個國王當政了，打了什麼戰爭這類的記載，可能是正確無誤的；但是，一些加油添醋的描寫，或者歷史的哲學理論。都是些臆測之詞。」（中國社會科學出版社2004年版）

在記憶增強症、記憶錯構症、記憶虛構症之外，我們在日常生活中偶爾還會經驗到一種名叫「似曾相識症」（déjà vu）的記憶障礙，正如《紅樓夢》第三回所描述的那樣——林黛玉初見賈寶玉，「便吃一大驚，心下想道：『好生奇怪，倒像在那裏見過一般，何等眼熟到如此！』而賈寶玉初見林黛玉，也「因笑道：『這個妹妹我曾見過的。』」又如丹麥哲學家克爾凱郭爾初見黎貞娜後曾寫下這樣的日記：「我是否真的該相信詩人的童話：當一個人第一次見到他所愛的對象時，他會覺得自己在很久之前就已經見過她，而所有的愛就像所有的知識，乃是一種回憶。」

第七日

後序篇

對看讀書法

黃本驥《讀文必得》說:

> 凡讀古書,皆須兩本對看。如《史記》採《國語》、《左傳》、《國策》,《漢書》採《史記》,其增改易置,要非漫然下筆,即此可以增長見識。

是呀,《莊子》採用《老子》、《列子》之語又何其不然呢?對看諸書不但可以從修辭學的角度增長見識,而且還有助於版本字句的互校與成書年代的考證。不僅如此,一書的觀點有時會針對另一書而發,研讀時也應對比著看,才有可能將兩者的語義參透,例如《論語》(完全可以稱之為《孔子》)、《墨子》、〈楊朱〉(《列子》第七篇,劉向〈列子新書目錄〉又謂之〈楊子〉。宋濂《諸子辨》以為「〈楊朱〉、〈力命〉則『為我』之意多,疑即古楊朱書,其未亡者剟附於此」,韙也)、《孟子》等是,因為正如《淮南子·氾論》所指出的那樣——

> 夫弦歌鼓舞以為樂,盤旋揖讓以修禮,厚葬久喪以送死,孔子之所立也,而墨子非之。兼愛,尚賢,右鬼,非命,墨子之所立也,而楊子非之。全性保真,不以物累形,楊子之所立也,而孟子非也。

　　看來，《莊子・徐无鬼》以儒、墨、楊為序而論，馮友蘭《中國哲學簡史》以孔子、墨子、楊朱、孟子為序而論，都不是沒有道理的。

傳舊與創新

　　孔丘說自己是「述而不作」，其實這句話本身就是作了。朱熹曾替他辯解道：「述，傳舊而已；作，則創始也。……孔子刪《詩》、《書》，定《禮》、《樂》，贊《周易》，修《春秋》，皆傳先王之舊而未嘗有所作也。」中國的經典闡釋者（包括孔丘與朱熹）往往以此為藉口，自覺或潛意識地用注解舊說的機會表露著自己當時的最新思想。如果斷章取義，那麼陸九淵在別人勸他著書之際所謂「六經注我，我注六經」剛好補足了「述而不作」的未盡之誼。

　　當經典闡釋者的創新太過明顯而張揚的時候，是不難被人識破的，甚至會遭到嘲笑，《大慧普覺禪師語錄》卷二二就曾記載「曾見郭象注《莊子》，識者云：卻是《莊子》注郭象」。實際上，注者既是人之文（含有其思）的述者，也是己之思（雜於注中）的述者，只不過後一種述對於前一種述來說就是作。從讀者看來，作者之文與注者之文完全可以互注互補，形成另類的「闡釋之迴圈」，而我們又何嘗不可以拿紀伯倫的句子「我飲水的時候，水也飲我」來作為這種互動關係的注腳呢？

語言文學類　PG0547

國學七日談

作　　　者／林趕秋
主　　　編／蔡登山
責任編輯／孫偉迪
圖文排版／黃莉珊
封面設計／陳佩蓉

發 行 人／宋政坤
法律顧問／毛國樑　律師
印製出版／秀威資訊科技股份有限公司
　　　　　114台北市內湖區瑞光路76巷65號1樓
　　　　　電話：+886-2-2796-3638　傳真：+886-2-2796-1377
　　　　　http://www.showwe.com.tw
劃撥帳號／19563868　戶名：秀威資訊科技股份有限公司
　　　　　讀者服務信箱：service@showwe.com.tw
展售門市／國家書店（松江門市）
　　　　　104台北市中山區松江路209號1樓
　　　　　電話：+886-2-2518-0207　傳真：+886-2-2518-0778
網路訂購／秀威網路書店：http://www.bodbooks.com.tw
　　　　　國家網路書店：http://www.govbooks.com.tw
圖書經銷／紅螞蟻圖書有限公司
　　　　　114台北市內湖區舊宗路二段121巷28、32號4樓
　　　　　電話：+886-2-2795-3656　傳真：+886-2-2795-4100

2011年6月BOD一版
定價：250元
版權所有　翻印必究
本書如有缺頁、破損或裝訂錯誤，請寄回更換

國家圖書館出版品預行編目

國學七日談 / 林趕秋著. -- 一版. -- 臺北市：
秀威資訊科技, 2011.06
　　面；　公分. --（語言文學類；PG0547）
BOD版
ISBN 978-986-221-731-3（平裝）

030.7　　　　　　　　　　　　　　　100004848

讀 者 回 函 卡

感謝您購買本書,為提升服務品質,請填妥以下資料,將讀者回函卡直接寄
回或傳真本公司,收到您的寶貴意見後,我們會收藏記錄及檢討,謝謝!
如您需要了解本公司最新出版書目、購書優惠或企劃活動,歡迎您上網查詢
或下載相關資料:http:// www.showwe.com.tw

您購買的書名:_____

出生日期:_____年_____月_____日

學歷:□高中 (含) 以下　　□大專　　□研究所 (含) 以上

職業:□製造業　□金融業　□資訊業　□軍警　□傳播業　□自由業
　　　□服務業　□公務員　□教職　　□學生　□家管　　□其它_____

購書地點:□網路書店　□實體書店　□書展　□郵購　□贈閱　□其他

您從何得知本書的消息?

　□網路書店　□實體書店　□網路搜尋　□電子報　□書訊　□雜誌

　□傳播媒體　□親友推薦　□網站推薦　□部落格　□其他_____

您對本書的評價:(請填代號　1.非常滿意　2.滿意　3.尚可　4.再改進)

　封面設計____　版面編排____　內容____　文／譯筆____　價格____

讀完書後您覺得:

　□很有收穫　□有收穫　□收穫不多　□沒收穫

對我們的建議:_____

_____

_____

_____

11466
台北市內湖區瑞光路 76 巷 65 號 1 樓

秀威資訊科技股份有限公司　　　收

BOD 數位出版事業部

....

（請沿線對折寄回，謝謝！）

姓　　名：_____　年齡：_____　性別：□女　□男

郵遞區號：□□□□□

地　　址：_____

聯絡電話：(日) _____ (夜) _____

E-mail：_____